위인들의 어린시절

벤자민 프랭클린

책을 좋아한 아이

리빙북

어거스타 스티븐슨 글
폴 로니 그림
오소희 옮김

차례

1. 파란색 공이 달려있는 집 ...13
    1. 프랭클린네 집 ...13
    2. 화기애애한 대화 ...17

2. 남다른 아이 ...24

3. 벤의 옛날이야기 ...28

4. 벤의 실수 ...34

5. 파란공 달린 집에 온 손님 ...39

6. 아버지를 궁지에 빠트린 사람 ...44

7. 피터 폴저 할아버지 ...53
    1. 재주꾼 할아버지 ...53
    2. 인디언 소녀와 조랑말 ...58

8. 보스턴 학교 ...63
　　1. 신사 방문객 ...63
　　2. 보스턴 라틴학교 ...68
　　3. 방문일 ...72
　　4. 작문학교 ...80

9. 강에서 수영하기 ...87
　　1. 수상쩍은 선원 ...87
　　2. 빨리요, 프랭클린 씨! 빨리요! ...91

10. 벤의 물갈퀴 ...98

11. 수영하는 연 ...103

12. 돛배 ...109
　　1. 보트 만들기 ...109
　　2. 보트 구조 ...114

13. 친절한 벤 ...121

14. 벤의 고민 ...128

15. 벤의 판단 ...133
  1. 비밀 집회   ...133
  2. 벤의 조언   ...138

16. 벤에게 딱 맞는 기술   ...148
  1. 인쇄소 수습공   ...148
  2. 벤의 임무   ...151
  3. 책 읽기   ...154
  4. 계산하기   ...157

17. 아무도 모르는 비밀   ...159
  1. 새로운 아이디어   ...159
  2. 아무도 모르게   ...161
  3. 알 수 없는 봉투   ...164

18. 말없이 선행하는 자 ...167
    1. 진흙탕 ...167
    2. 벤의 두 번째 글 ...175
    3. 형틀 구멍과 양말 구멍 ...177
    4. 비밀이 탄로나다 ...181

19. 결국 일이 벌어졌다 ...185
    1. 다툼 ...185
    2. 도망 ...187
    3. 벤은 어디에 ...192

20. 전기를 흐르게 하는 연 ...196

21. 대나무 지팡이 ...201

22. 가장 사랑받는 미국인 ...205

   무슨 뜻일까요? ...211
   여러분, 기억하나요? ...212
   벤자민 프랭클린이 살던 시절 ...213

보스턴 사람이라면 그 공이 유니온 스트리트에 있는 조시아 프랭클린의 양초와 비누 가게 간판이란 것을 누구나 다 알고 있었다.

1
파란색 공이 달려있는 집

1. 프랭클린네 집

오래전 북아메리카 뉴잉글랜드지역의 작은 도시 보스턴에는 파란색 공이 하나 있었다. 코코넛 열매 크기만한 이 공은 어떤 작은 집 문 위에 붙어 있었다. 그 파란색 공에는 이런 이름이 쓰여 있었다.

   조시아 프랭클린

그게 전부였다. 하지만 그거면 충분했다. 보스턴 사람

이라면 누구나 그 공이 유니온 스트리트에 있는 조시아 프랭클린의 양초와 비누 가게 간판이란 걸 알고 있었다.

당시의 수공업자들은 자기 집에서 물건을 만들어 팔았는데, 조시아도 마찬가지였다.

길 쪽으로 면한 방은 공장이자 가게였고, 그 뒤 큰 방은 가족들이 사는 집이었다. 그 방은 가족의 부엌이자 식당이자 거실이었다.

그러나 프랭클린 집에 언제 몇 명이 함께 있는지 아는 사람은 아무도 없었다. 프랭클린네 아버지나 어머니조차도 몰랐다. 지금 현재는 자녀들 여섯 명이 함께 살고 있었다.

결혼한 네 딸 중 누가 언제 아기들을 데리고 방문할지 알 수 없는 노릇이었다. 어쩌면 선원이 된 아들 조시아가 돌아올지도 몰랐다. 가족들은 항상 그를 기다리고 있었다. 그런 한편 인쇄술을 배우러 영국에 간 아들 제임스가 돌아올 때가 되었다. 여하튼 그 집에 당장 몇 명이 모이든, 부엌 큰 난로 옆의 기다란 식탁에는 언제든지 모두 함께 앉을 자리가 넉넉했다.

1714년 어느 겨울밤, 식탁 머리에는 프랭클린네 아버지 조시아가 앉아 있었다. 그는 방금 음식을 먹기 위해 하나님께 축복을 구하는 기도를 했다.

반대편에는 고운 얼굴에 미소를 띤 어머니, 아비야 프랭클린이 앉아 있었다.

그녀 앞에는 커다란 흰색 국솥이 놓여 있었고 도자기로 만든 국자가 들어 있었다. 오늘 저녁 그 국솥에는 노오란 옥수수죽이 담겨 있었다. 실은 거의 일 년 내내, 날이면 날마다, 그 국솥에는 옥수수죽이 담겨 있다.

촛불이 식탁을 환하게 비추고 있었다. 자그마치 여섯 개나! 프랭클린 씨는 양초를 만드는 사람이었기 때문이다. 당시엔 양초가 비싸서 다른 집들은 식탁에 촛불을 하나 밖에 켜놓을 수 없었다.

프랭클린네 아이들은 촛불을 그렇게 많이 켜놓는 것이 멋있다고 생각했다. 특히 그 중 한 명은 그 촛불이 어떤 멋있는 작품을 만들어내는지 관찰했다. 그 아이는 아버지 바로 옆에 앉아 있는 귀염둥이 벤자민이었다.

벤은 아직 여덟 살밖에 안 됐지만, 예리한 눈빛으로 백랍 우윳병과 숟가락에 촛불이 어떻게 반사되는지를 관찰했다. 또한, 그 촛불이 옹기로 만든 국그릇을 더욱 빨갛게 만들고, 하얀 국솥을 더 눈부신 흰색으로 만들고, 노란 옥수수죽을 황금빛으로 빛나게 하는 모습을 보고 있

거의 일 년 내내, 날이면 날마다, 그 국솥에는 옥수수죽이 담겨 있었다.

었다. 식탁 위에 놓인 촛불 여섯 개도 보았다. 반짝반짝 윤이 나는 나무 식탁이 마치 거울처럼 촛불을 반사하는 모습도 보았다.

그는 참 아름다운 모습이라고 생각했다. 벤자민에게 그 부엌은 그저 가난한 수공업자의 집이나 양초 작업장

뒤켠에 있는 초라한 방이 아니었다. 그 방은 아름답고 따스하고 밝은 곳이었다. 집 밖은 낯선 세상이었다. 그러나 집안에서는 서로를 끔찍이 사랑하는 프랭클린 가족이 화기애애하게 대화를 나누고 있었다.

2. 화기애애한 대화

프랭클린 가족에게는 언제나 이야깃거리가 풍부했다. 모피를 가득 싣고 떠나는 배 이야기, 새로운 이민자들을 태우고 들어오는 배 이야기, 부유한 사업가들에게 고용된 흑인들 이야기, 전 세계 각국에서 들어오는 선원들의 이야기, 곧 멋들어진 새 교회를 짓는 이야기, 그리고 이미 짓기 시작한 새 등대 이야기.

오늘 저녁에는 인디언 사냥꾼 브라운비버가 가져온 모피 한 무더기가 화제였다. 그가 그것으로 얼마나 많은 돈을 벌었는지, 혹은 속아서 그것을 헐값에 팔았는지에 관해 여러 가지 추측을 했다.

이제 스물네 살이 된 존은 그것에 관해서 누구보다 더 잘 아는 것 같았다. 그는 맏이였고 아버지 가게에서 일을 도와드리고 있었다.

"아무도 브라운비버를 속이지 못해." 존이 말했다. "그 인디언이 얼마나 똑똑한데. 그는 영어도 할 줄 알아. 오늘도 가게에 와서 비누를 사갔어."

그리고 존은 미소를 지으며 벤을 바라보았다.

"왜, 무슨 일이 있었어?" 둘째인 피터가 존에게 물었다. 그는 스물두 살이었는데, 역시 가게에서 아버지를 도와 양초 배달을 했다.

"브라운비버가 벤이 훌륭한 인디언이 될 거라고 했어." 존이 말했다.

"뭐라고!" 프랭클린 부인이 소리쳤다. 그녀는 몹시 겁이 난 것 같았다.

프랭클린 씨가 진지한 눈으로 존을 쳐다보았다.

"그는 벤이 여덟 살 치고는 매우 영리하다고 했어요. 마치 인디언 소년들처럼요." 존이 말했다.

"그가 어떻게 벤에 대해서 알고 있지?" 프랭클린 부인이 물었다.

"벤이 가게 앞에서 브라운비버와 얘기하고 있었어요."

존이 말했다.

그러자 모두 다 벤을 쳐다보았다.

"몇 가지를 물어본 것뿐이에요." 벤이 말했다.

"뭘 말이냐?" 어머니가 물었다.

"그에게 아이들이 몇 명이며, 그가 곰을 몇 마리 죽였는지. 그리고 비버가죽을 몇 개 팔았는지, 버팔로와 사슴 중 어느 걸 더 잡고 싶은지를 물어봤어요."

"그게 전부란 말이야?" 존이 미소 지으며 말했다.

벤도 미소를 지었으나 대답하지 않았다.

"그게 전부니, 벤?" 어머니가 물었다.

"그리고 그가 사는 위그웸에 한 번 놀러 가고 싶다고 했어요." 벤이 사실대로 말했다.

"벤!" 어머니가 날카롭게 말했다. "넌 이제 그 정도는 알만한 나이가 되었잖니. 이번 가을에 남자아이 둘이 인디언 마을에 갔었잖아. 나중에 그들이 죽어 있는 걸 사냥하던 아저씨들이 발견했잖니?"

"알아요, 엄마. 하지만 그 아이들은 분명 인디언들이 죽인 게 아닐 거에요." 벤이 말했다.

"어떻게 그걸 장담할 수 있단 말이냐?" 아버지가 물었다.

"글쎄요. 브라운비버는 아이들을 절대로 죽이지 않을 거예요. 그는 아이들을 좋아한다고 말했어요."

"그래서 다른 인디언 용사들도 모두 그럴 거라고 생각한단 말이니? 잘못 생각한 거다. 그런데도 넌 겁 없이 인디언 마을에 가겠다고 하는 거니?" 아버지가 말했다.

"가서 이틀이나 사흘 밤만 지내고 싶어요. 가서 구경하고 싶어요. 그들이 사는 곳과 침대와 용사들이 활 만드는 것과……"

아버지가 말을 끊었다. "추장이 널 좋아하지 않으면 어떡할래? 그는 백인들을 좋아하지 않아. 너한테 나가라고 하면 어떡할래?"

"그러면 브라운비버가 다시 저를 이곳으로 데려다 줄 거예요." 벤이 자신있다는 듯 대답했다.

"그 추장이 아무도 너를 도와주지 못하도록 명령할 수도 있다. 너를 홀로 숲 속에 버릴 수도 있단 말이다."

"벤, 그러면 너는 집으로 오는 길을 찾을 수가 없어."

"그에게 아이들이 몇 명이며, 그가 곰을 몇 마리 죽였는지. 그리고 비버가죽을 몇 개 팔았는지, 버팔로와 사슴 중 어느 걸 더 잡고 싶은지를 물어봤어요."

존이 심각하게 말했다.

"들짐승이 널 잡아먹을 수도 있고." 피터가 덧붙였다.

"곰!" 열한 살 된 토마스가 소리쳤다.

여섯 살짜리 리디아가 울먹이기 시작했다. "베니, 가지 마."

벤은 사랑스럽게 그녀의 볼을 만져주었다.

"또 다른 일이 일어날 수도 있지." 프랭클린 부인이 말했다. "만일 그 추장이 보기에 네가 영리해서 뛰어난 사냥꾼이 되겠다 싶으면, 너를 그곳에 잡아둘 거다. 그리고 백인들이 찾을 수 없도록 너를 숨겨놓을 거야."

"저를 다시 아버지께 오지 못하게 하나요?"

"내가 군대를 끌고 찾으러 간다 해도 너를 데려올 수 없지. 인디언 정찰병들이 우리를 발견하면 부족에게 신호를 보낼 거다. 그리고 우리가 도착할 때 쯤이면 부족 전체가 사라져 버리지. 너도 함께 말이야."

"저는 브라운비버와 함께 가지 않겠어요. 가자고 해도 안 갈래요." 벤이 약속했다.

"궁금해서 구경하고 싶어도 말이냐?"

"안 갈래요, 아빠. 약속해요. 엄마한테도 약속해요." 벤이 말했다.

"낯선 사람에게는 말을 하지 않는 게 제일 안전하다." 프랭클린 씨가 조용히 설명했다.

"알았어요." 벤이 말했다. "그런데 그들은 항상 제가 알고 싶은 걸 가르쳐줘요."

그때 저녁 식사가 끝났고, 촛불을 한 개만 남기고 모두 껐다. 프랭클린 가족은 그들이 만드는 촛불조차도 아껴야 했다.

프랭클린 부인은 벽난로의 장작을 들여다보았다. 장작이 별로 남지 않았다.

"오늘은 장작을 더 넣을 필요가 없겠어. 모두 일찍 잠자리에 들거라." 그녀가 말했다.

그들은 장작도 아껴야 했다. 숲은 보스턴시에서 멀었기 때문에 장작을 사려면 전보다 더 많은 돈이 들었다.

"자, 이제 저녁 기도를 해야겠군." 프랭클린 씨가 말했다. 그리고 큰 성경책을 열어서 소리내어 읽었다.

2
남다른 아이

다음 날 아침 프랭클린 씨는 평소와 다름 없이 작업을 시작했다. 그러나 그는 집중할 수가 없었다. 자꾸 벤의 말이 생각 났다. "그들은 항상 제가 알고 싶은 걸 가르쳐줘요."

 그리고 벤이 자기 친구들과 노는 대신 가게에 와서 어른 손님들과 얘기하는 것을 얼마나 좋아하는지 생각했다. 군인, 선원, 모피상인들. 나머지 아들들은 낯선 사람들에게 그런 관심이 없었다.

그러나 벤은 남달랐다. 그는 너무나 남달라서 같은 식구가 아닌 듯했다.

벤은 책 읽기를 좋아했다. 그에 비해 나머지 자녀들은 책이라고는 거의 들여다보지도 않았다.

벤은 혼자서 책을 읽으며 많은 것을 배웠다. 그는 다섯 살 때 책을 읽었다. 이제 그는 성경을 읽을 수 있었다.

벤은 책 읽기를 좋아했다.

그리고 읽은 책에 대해서 이야기 나누는 것을 좋아했다. 그는 단 하나도 잊어버리지 않았다. 책의 내용이든, 누구에게서 들은 이야기든.

다른 자녀들은 전부 다 잊어버렸다. 그들은 일주일 전

에 읽은 것도 기억하지 못했다.

　벤은 동물, 식물, 돌, 구름 등 눈에 보이는 것은 뭐든지 관심이 있었다.

　그의 형들은 작업시간이 끝난 뒤 친구들과 노는 것에만 관심이 있었다.

　'벤은 무엇이든 알고 싶어해.' 프랭클린 씨가 생각했다. '학교에 보낼 여유가 있다면 좋으련만.'

　프랭클린 씨와 큰아들 둘 존과 피터는 동이 틀 때부터 어두울 때까지 일했다. 작업장에서는 할 일이 매우 많았다.

　토마스는 열한 살인데 잔심부름을 하며 형 피터가 양초와 비누 배달하는 것을 도와주었다.

　프랭클린 씨는 아들들을 모두 동원해서 일해도 그 대가족을 먹이고 입히는 것조차 힘겨웠다. 학교에 지불할 돈이나 학교 교과서를 살 돈은 없었다.

　프랭클린 부인은 나이가 든 딸, 메리와 새라를 가르쳤다. 요리, 바느질, 실 잣기, 옷감 짜기…… 여자들이 알아야 할 모든 것을 가르쳤다.

벤은 일하기에는 아직 어렸지만, 빈둥빈둥 놀리기에는 너무 영리했다. 그의 부모는 어떻게 해야 좋을지를 몰랐다.

"아비야." 어느 날 프랭클린 씨가 말했다. "벤은 보스턴에 사는 어떤 소년들보다도 꼭 학교에 가야 하는 아이예요. 같은 나이 아이들 중 벤 만큼 책을 잘 읽는 아이가 없을 거예요."

"학교에 보낼 여유가 있다면 좋겠어요, 조시아."

"내가 야간 경비용 양초 주문을 받을 수만 있다면 가능하지요. 그러나 항상 다른 양초업자들이 주문을 먼저 받아내요."

"그렇다면 우리가 할 수 있는 만큼 집에서 벤을 가르치죠." 프랭클린 부인이 말했다. "정직하고 절약하고 예의 바른 사람이 되는 법을 가르쳐요."

"그리고 나중에 제조업을 훈련시키지요. 그게 우리가 할 수 있는 전부예요, 아비야." 프랭클린 씨가 말했다.

"조시아, 우리처럼 가난한 부모가 그 이상 뭘 할 수 있겠어요?"

3
벤의 옛날이야기

그날은 프랭클린 집의 "옛날이야기 날" 이었다. 일주일에 한 번씩 프랭클린 자녀들은 돌아가면서 옛날이야기를 했다. 슬픈 이야기나 웃기는 이야기, 육지와 바다를 모험하는 이야기, 무엇이든 해도 되었다. 그러나 남에게서 듣거나 책에서 읽은 이야기는 안 된다. 이야기하는 사람은 반드시 이야기를 지어내야 했다.

 저녁 식사가 끝나자 기다란 식탁은 말끔하게 치워졌다. 양초 여섯 개가 여전히 타고 있었고, 벽난로에는 새

장작을 넣었다.

그때 프랭클린 씨가 말했다. "오늘은 누가 이야기할 차례지?"

"벤이에요!" 아이들 몇 명이 소리쳤다.

"자, 우리 모두 들을 준비가 됐다, 벤." 프랭클린 씨가 말했다.

벤은 즉시 난롯가로 가서 의자에 앉아 가족들을 바라보았다. 그리고 이야기를 시작했다.

"어느 날 아침이었어. 내가 가게 앞에서 놀고 있는데, 에벤에젤 지젤이 오고 있었어."

"누구?" 존과 피터가 물었다.

"누구?" 리디아가 물었다.

"에벤에젤 지젤." 벤은 그가 마치 실제 인물인 듯이 말했다.

모두들 웃음을 터뜨렸다. 벤이 웃기는 이름을 지어내는 걸 좋아했기 때문이다.

"에벤에젤의 할머니는 바로 이 보스턴에 살고 있었어." 벤이 말했다. "저기 밀크 스트리트에. 할머니는 에

벤에젤의 어머니를 방문하러 갈 때마다 에벤에젤에게 케이크, 꿀, 그리고 뭐든지 다 주셨어. 그리고 에벤에젤의 엄마 아빠가 그를 때리지 못하게 했어. 할머니가 있는 한 절대로 때리지 못하게. 에벤에젤은 할머니가 항상 자기 집에서 살았으면 좋겠다고 생각했어. 그러면 하고 싶은 건 뭐든지 다 할 수 있고 부모님이 그에게 손도 못 댈 테니까."

프랭클린 부인이 미소를 지었다. "너희들 할머니가 저 멀리 난터켓에 살고 계신 게 얼마나 다행인지." 그녀가 말했다. "난터켓은 섬인데다가 보스턴에서 아주 멀어서 할머니가 이곳까지 헤엄쳐서 오실 수 없거든."

그 말에 리디아와 제인만 빼고 모두가 웃음을 터뜨렸다. 리디아와 제인은 너무 어려서 어머니가 하는 농담을 알아듣지 못했다.

"그런데." 벤이 계속했다. "내가 말했지만, 에벤에젤이 나한테 오고 있었어. 하지만 뭔가 평소와 달랐어. 휘파람도 불지 않았고, 내 등을 치거나 나를 따라오지도 않았어.

그래서 내가 그의 얼굴을 빤히 들여다봤지. 그리고 이유를 알았어. 그는 울고 있었던 거야.

'에벤에젤, 뭣 땜에 울었어?' 내가 물었어.

'엄마한테 매를 맞을 거야. 무서워서 집에 못 가겠어.'

"에벤에젤, 넌 매를 안 맞을 거야." 내가 말했어.

그가 말했어.

'무슨 일을 저질렀는데?' 내가 물었어. '엄마가 식초를 사오라고 심부름을 보내셨어. 그런데 내가 그 병을 깨트

려서 땅바닥에 식초가 다 엎질러졌어. 집에 가면 보나 마나 매를 맞을 거야.'

그리고 그는 또 울기 시작했어.

'넌 매를 안 맞을 거야.' 내가 말했어.

'아냐, 분명 맞을 거야.' 그가 말했어.

'안 맞을 거야.' 내가 말했어.

'아냐, 맞을 거야.' 그가 말했어."

"그만하면 됐다. 그래서 그다음에 어떻게 됐는지 얘기해 봐라." 프랭클린 씨가 말했다.

"그런데 에벤에젤은 계속 울면서 집에 안 가겠다는 거야." 벤이 말했다.

"그러다가 갑자기 내 머릿속에 뭔가 기억이 났어.

'에벤에젤.' 내가 말했지. '난 네가 매를 안 맞는다는 걸 알아.'

'어떻게?' 그가 물었어.

'그것도 몰라? 네 할머니께서 방금 너희 집으로 가셨거든.' 내가 말했어. '내가 가게 오는 길에 봤어.'

'정말이야?' 그가 물었어.

'정말이야.' 내가 말했어.

'진짜, 진짜?' 그가 물었어.

'진짜, 진짜.' 내가 대답했어.

그러자 에벤에젤이 곧 울음을 그치고 큰 소리로 웃었어. '하하하!'

그리고 에벤에젤 지젤은 집으로 갔고, 그 이후로는 한 번도 나타나지 않았어."

프랭클린 가족은 벤의 이야기를 듣고 모두 웃었다. 귀염둥이 어린 벤자민은 늘 재미난 것들을 지어내서 가족들을 즐겁게 해주었다.

4
벤의 실수

그 이후 두 주가 더 지났다. 오늘 저녁에도 프랭클린 가족이 식탁에 둘러앉았다.

늘 그렇듯 하얀색 커다란 국솥에는 옥수수죽이 가득 들어 있었는데, 오늘따라 왠지 벤에게는 그 죽이 이상해 보였다. 죽이 평소처럼 노란 대신 희멀겋게 보였다.

옥수수 가루는 노란색이니까, 가루에 문제가 있는 것은 아니었다.

충분히 젓지 않아서 그런 것도 아니다. 왜냐면 어머니

가 평소와 다름없이 계속해서 저었기 때문이다. 그가 젓고 싶었으나 어머니가 안 된다고 했다.

"오빠는 아직 어려." 리디아가 말했다.

"나도 옥수수죽 저을 수 있어." 벤이 말했다.

"그래도 너는 아직 키가 닿지 않잖아." 토마스가 뭔가 안다는 듯 말했다.

벤은 나이에 비해 키가 작았다. 그는 식탁에서 항상 높은 의자에 앉았다. 그래야만 어머니가 옥수수죽 나누어 주는 것을 제대로 볼 수 있었다. 그는 옥수수죽이 국자에서 빠르게 흘러내리는 것을 보았다. 즉시 그는 문제를 발견했다.

그리고 벤은 실수를 저질렀다. 그래서는 안 된다는 것을 잘 알았으나, 깜빡 잊었던 것이다.

"엄마." 벤이 말했다. "옥수수죽이 조금 묽지 않아요?"

모두 다 그를 물끄러미 쳐다보았다. 단 한 사람도 말을 하지 않았다. 그러나 벤은 자신이 무슨 일을 저질렀는지 깨달았다. 특별 규칙을 어긴 것이다.

프랭클린 집에서는 식탁에서 절대로 음식에 관해서 말

을 하면 안 된다. 음식을 두고 이러쿵저러쿵하는 것은 예의가 아니다. 죽이 묽든 되든, 고기가 설익었든 새카맣게 탔든, 과일이 시든 달든, 파이가 호박파이든 고구

캄캄한 밤에 그 방에 혼자 있기는 이번이 처음이었다.

마파이든.

"죄송해요, 엄마." 벤이 말했다. "죄송해요, 아빠. 아무 말도 안 했어야 하는데."

"다시는 그런 일을 하지 않을 만큼 잘못을 충분히 깨달아야 한다." 프랭클린 씨가 말했다. "저녁밥은 없다.

지금 잠자리로 가거라. 이 촛불을 들고 네 방으로 가거라."

 조시아 프랭클린은 한번 말한 것은 반드시 지켰다. 그래서 벤은 아무 소리 없이 순종했다. 그는 촛불을 들고 방에서 나가 좁은 계단을 타고 이 층으로 올라갔다.

 어머니 방을 지나갔다. 바퀴 달린 침대가 어머니 침대 옆에 꺼내져 있었다. 그리고 어린 리디아와 제인이 들어가 잘 수 있도록 부드러운 모직 담요가 젖혀져 있었다.

 바로 얼마 전까지 벤이 그 바퀴 달린 침대에서 잤다. 오늘은 거기서 자고 싶었다.

 그러나 이제 그는 존, 피터, 토마스와 함께 삼 층에 있는 다락방에서 잤다.

 그 방은 몹시 춥고 어두웠다. 촛불 하나로는 방 전체를 밝힐 수 없었다. 방 안에 캄캄한 그림자가 보였다. 그것은 마치 인디언의 손도끼처럼 보였다. 혹시 침대 밑에 뭐가 있는지 알 수 없었다. 그는 무서워서 들여다보지 않았다. 낮에도 그 방에 혼자 올라가기를 싫어했다. 캄캄한 밤에 그 방에 혼자 있기는 이번이 처음이었다.

벤은 다시 이 층으로 내려가서, 포근해 보이는 바퀴 달린 침대를 다시 한번 쳐다보았다.

'여기서 잠깐 누웠다 갔으면…….' 그가 생각했다. '여기는 더 따뜻하고 엄마 침대 옆이니까. 그러다가 부모님이 오시기 전에 내 방으로 올라가야지.'

그는 어머니 서랍장 위에 촛불을 놓았다. 그리고 거기에 누우려다 멈추었다. 그리고 일어서서 생각했다.

"아빠가 내 방으로 올라가라고 하셨지." 그가 혼자 말했다. "여기 오라고 하시진 않았어."

그는 촛불을 들고 가파른 계단을 올라 추운 다락방으로 갔다.

"아! 할머니가 여기 계셨더라면! 에벤에젤 지젤처럼!"

5
파란공 달린 집에 온 손님

 프랭클린 부부는 그들이 할 수 있는 한 최선을 다해서 벤을 가르치기로 했다. 이제 학교가 시작되었다.

조시아와 아비야 프랭클린은 부엌에서 학교를 시작했다. 그러나 날마다 하는 것은 아니었다. 학교는 물론 벤만을 위한 것도 아니었다. 프랭클린 아이들 모두를 위한 것이었다.

그것은 학교라기보다는 파티와 같았다. 손님 한 사람을 저녁 식사에 초대하면, 그 손님은 그날 저녁 선생님이 되는 것이다.

그러나 손님들은 무엇을 가르쳐야 하는지를 알지 못했다. 프랭클린 씨가 그것을 도와주었다. 그는 손님들이 여행한 경험, 읽은 책들, 그리고 무엇이든 그들이 알고 있는 것이나, 아이들이 배우면 좋을 듯한 것들을 계속해서 이야기하게 만들었다.

만일 그들이 주제에서 빗나가 허튼 말을 하기 시작하면, 프랭클린 씨는 곧 다시 주제로 돌아오도록 유도했다. 자녀들이 어떻게든 그 손님들에게서 무엇이든 배우게 하겠다고 작정을 했다.

아비야 프랭클린도 결단했다. 우유와 죽으로 된 식사는 그런 손님에게 예의가 아니었다. 그녀는 아주 근사한 만찬을 준비했다. 그러려면 뜨거운 불 위에서 냄비와 프라이팬에 몸을 굽히고 허리가 아프도록 일해야만 했다. 그러나 아이들을 위한 일이라면 그녀는 조금도 개의치 않았다.

어떤 손님은 사업가였다. 그는 정직에 대해서 말했다. "사람은 반드시 정직해야 한다. 그래야 다른 사람들에게서 존중을 받을 수 있지."

그는 또한 이런 말도 했다. "수공업자가 처음에는 초라하게 가게를 시작한다고 해도 언젠가는 부유한 사업가가 될 수 있단다."

"도끼가 작은 홈집을 내지만 거대한 참나무를 쓰러뜨

그러려면 뜨거운 불 위에서 냄비와 프라이팬에 몸을
굽히고 허리가 아프도록 일해야만 했다.

릴 수 있지." 그가 말했다.

"하지만 열심히 일해야 한다. 일하다가 놀면 안 되는

거야." 그가 덧붙였다.

"잠자는 여우는 닭을 잡을 수 없어."

또 다른 날은 농부가 손님으로 왔다. 그는 곧 추수할 수확물에 대해서 늘 '허풍을 떠는' 이웃 농부에 대해서 이야기 했다. 그러나 그 농부는 너무 게을러서 큰 밭을 경작하지 못했던 것이다.

"수레바퀴 중 가장 못난 것이 제일 시끄러운 소리를 낸단다." 농부가 말했다.

하루는 가난하게 살다가 부자가 된 손님이 왔다.

"얘들아." 그가 말했다. "부자가 되려면 너희가 버는 돈을 모두 아껴야 한다. 시간도 아껴야 해. 시간은 돈만큼 귀한 거야."

"일찍 자고 일찍 일어나는 습관은 사람을 건강하고 부유하고 지혜롭게 만든다."

이제 프랭클린 부인은 손님들의 말에 항상 귀를 기울이지 않는 자녀들도 있다는 사실을 깨달았다. 그러나 조금도 변함없이 귀를 기울이는 아이가 딱 한 명 있었다. 벤이었다. 그는 몇 주가 지난 뒤에도 손님들이 말한 것을 그대로 기억할 수 있었다.

프랭클린 씨도 그 점을 눈치챘다. "우리 집에서 진정으로 배우고 싶어하는 아이는 오직 벤이에요." 프랭클린 씨가 말했다. "벤은 학교에 가야 돼요."

"맞아요, 벤은 이제 학교에 가야 돼요." 프랭클린 부인이 말했다. "그는 정말 빨리 배워요."

6
아버지를 궁지에 빠트린 사람

어느 날 저녁 프랭클린네 아들들이 막 부엌으로 들어왔다.

"얘들아." 어머니가 말했다. "오늘은 더 깨끗하게 청소해라. 옛친구 루이스 패튼 씨가 저녁 손님으로 오신다. 모피 상인이야. 바로 얼마 전에 캐나다에서 돌아오셨어."

벤은 신이 났다. 이제 그는 사냥과 덫 놓는 것들에 대해서 배울 수 있다.

프랭클린 부인은 최고로 좋은 드레스를 입었고, 가족

들은 모두 그녀가 예쁘다고 생각했다. 여자아이들도 제일 좋은 드레스를 입었고, 매우 예쁘게 보였다.

그는 프랭클린 부인과 인사를 나누며 웃었고 리디아를 팔에 안고 제인에게 뽀뽀를 했다.

"한눈팔지 말고 들어라." 프랭클린 부인이 주의를 시켰다. "패튼 씨는 캐나다에 대해서 온갖 걸 다 말해주실 거야. 아주 재미나는 지리 공부를 할 수 있지."

그때 프랭클린 씨가 옛친구 루이스 패튼과 함께 부엌으로 들어왔다.

벤은 놀랐다. 얼굴이 검게 그을리고 검은 눈빛에 검은 머리칼을 한, 아버지 가게에 들어오는 프랑스 모피상인들의 모습을 기대했었다. 그러나 여기 키가 작고 파란 눈에 은발의 남자가 서 있었다. 그는 프랭클린 부인과 인사를 나누며 웃었고 리디아를 팔에 안고 제인에게 뽀뽀를 했다. 프랭클린 가족이 모두 식탁에 자리를 잡고 앉자, 그는 모두에게 미소를 지었다.

"아!" 쾌활한 손님이 말했다. "이렇게 귀여운 아이들을 이렇게 많이 볼 수 있다니 얼마나 행복한지 모르겠군! 그런데 아뿔싸, 나는 캐나다에서 이 년 동안 개들하고만 살았으니."

"개들을 데리고 황무지 깊은 곳으로 들어가셨겠죠?" 프랭클린 부인이 물었다.

"그럼요. 그렇고말고요!" 손님이 말했다.

'아빠가 대단한 모험을 하셨구나!' 영리한 벤자민이 마음속으로 생각했다. '패튼 씨는 우리가 배우고 싶어한다

는 사실을 전혀 모르고 계시잖아. 하지만 곧 지리에 대해서 가르쳐 주시겠지.'

프랭클린 부인도 같은 생각을 하고 있었다. '아, 자녀들이 황무지와 호수, 강, 산들에 대해서 배울 수 있는 얼마나 절호의 기회란 말인가?'

모두 다 기다렸다. 그러나 패튼 씨는 더 이상 이야기하지 않았다. 그는 식탁에 있는 음식 접시를 하나하나 쳐다보는 것 같았다.

그리고 바로 그때 그 '특별한 규칙'이 깨져버렸다.

"아비야." 손님이 말했다. "내가 이렇게 훌륭한 식사를 받아보기는 이 년 만에 오늘이 처음이에요. 보기만 해도 기분이 좋아지는군요."

이건 또 웬 말인가? 손님이 와서 음식에 대해서 얘기하다니! '이러다가 공부는 어림도 없겠어!' 프랭클린 씨는 이런 생각이 들자 재빨리 말했다.

"루이스, 자네가 여행한 곳은 어떤 곳인가?" 그가 물었다.

'드디어 지리공부가 시작되겠구나.' 벤이 생각했다.

그러나 패튼 씨는 단지 이렇게 말했다. "아, 다 그게 그거야." 그는 손가락으로 딱! 소리를 낼 뿐이었다.

'조시아는 포기하지 않을 거야.' 그의 아내가 생각했다.

조시아는 포기하지 않았다. "산지를 타고 여행하려면 상당히 험난하지 않았나?" 그가 물었다. 그는 친구에게서 지리수업을 받아내고야 말겠다고 결심을 했다.

그러나 패튼 씨는 또다시 손가락으로 딱! 소리를 내더니 이렇게 말했다. "아, 다 그렇지 뭐."

그리고 그는 프랭클린 씨가 자르고 있는 구운 거위를 바라보았다. 갑자기 그는 프랭클린 부인에게로 몸을 돌렸다.

"아비야!" 그가 말했다. "이렇게 적당히 잘 구워진 거위 고기는 처음이에요. 냄새만 맡아도 맛있군요."

"감사합니다." 아비야가 말했다.

이제 조시아는 자연공부를 할 기회를 포착했다. "캐나다에도 들거위가 많은 걸로 알고 있는데……."

"수천 마리 있지. 아니 수백만 마리." 패튼 씨가 말했다. 그리고 그만이었다.

또다시 모두들 기다렸다. 패튼 씨의 입에서는 한 마디도 더 나오지 않았다.

"자네, 우리 아이들에게 그곳의 들거위에 관해서 얘기해주지 않겠나?" 프랭클린 씨가 물었다.

"미안해. 하지만 나는 거위에 대해서라면 아는 게 하나도 없어. 너무 추워서 그걸 사냥할 생각도 못했지." 그는 그렇게 말하면서 생각만 해도 춥다는 듯 몸을 떨었다.

이제 그의 접시에 음식이 가득 담기자, 열심히 먹기 시작했다.

"아!" 그가 말했다. "이런 훌륭한 거위고기는 처음이야. 이렇게 부드럽고, 이렇게 향긋한! 뱃속에 넣은 야채들도 정말 맛있구먼! 아비야, 이 속에 뭘 넣었는지 가르쳐 줘요."

"밤을 넣었어요." 프랭클린 부인이 말했다. 그녀는 음식에 대해서 말하고 싶지 않았으나, 대답해야만 했다. 그렇지 않으면 무례한 행동이기 때문이다.

"그게 전부란 말입니까? 세이지 향료도 들어간 것 같은데요?"

"아, 그래요. 아주 조금 넣었어요." 아비야가 말했다.

"또 다른 것도 넣은 것 같아요. 아, 이제야 알겠다."

그리고나서 그는 바이올린을 켜며 노래를 불렀다.

손님이 기분 좋은 듯 말했다. "사과야. 맞죠?"

"맞아요." 아비야가 말했다. "그걸 깜빡 잊었군요."

조시아는 음식에 관한 이 허튼소리를 중단시켜야겠다

고 생각했다. "루이스." 그가 말했다. "캐나다 인디언들 말이야. 그들은 정직한가? 그들을 좋아하나? 무슨 문제가 없었나?"

"아, 그들이 요리만 할 줄 안다면 아무 문제가 없을 텐데!" 그 모피상인이 대답했다. "그들이 대접하는 그 이상한 음식 때문에 정말 괴로웠지!" 그는 또다시 그것을 생각만 해도 괴롭다는 듯 몸을 떨었다.

그리고 그는 그레이비, 구운 감자, 옥수수로 만든 스튜, 으깬 무, 구운 호박, 피클, 메이플시럽, 야생 꿀, 머루 잼, 호박파이, 그리고 크랜베리 파이에 대해서 이야기를 했다.

마침내 프랭클린 씨는 포기했다. 더 이상 질문하지 않았다.

그날 저녁 패튼 씨가 돌아간 뒤 프랭클린 씨가 말했다. "말을 물가로 끌고 갈 수는 있지만, 물을 마시게 할 수는 없지."

"저도 눈치챘어요." 프랭클린 부인이 말했다. 그리고 다 안다는 듯 미소를 지었다.

그 말을 이해한 아이들은 미소를 지었다. 그 말을 이해하지 못한 어린아이들도 덩달아 미소를 지었다.

"그 농담은 나한테 하는 거야." 아버지가 말했다. "그러니까 그 벌로 내가 음악을 선사하지."

그리고나서 그는 바이올린을 켜며 노래를 불렀다. 아버지는 목청이 아주 좋았다. 그의 음악은 온 가족을 유쾌하게 해주었다. 그래서 그날 저녁은 마침내 행복한 저녁이 되었다.

7
피터 폴저 할아버지

1. 재주꾼 할아버지

그 해 보스턴의 겨울은 지난 몇 년보다 더 추웠다. 그러나 비누와 양초는 계속 만들어졌고 배달이 되었다.

배달을 나가는 피터와 토마스는 어찌나 옷을 많이 껴입었던지 마치 곰처럼 보였다.

어린 제인, 리디아, 벤은 집안의 난로 옆에 머물렀다.

프랭클린 부인은 아침 일을 모두 마치고 함께 난롯가

에 앉았다. 그녀는 뜨개질을 하고 있었지만, 아무리 바빠도 아이들과 대화하는 것을 잊지 않았다.

"분명 그날은." 어느 날 아침 그녀가 말했다. "그래. 바로 오늘처럼 추운 날이었어. 그날 아침 너희들 할아버지가 엄마에게 주실 빨간색 모직 드레스를 다 만드셨지."

"바느질을 하셨나요?" 리디아가 물었다.

벤은 미소를 지을 수밖에 없었다. 피터 폴저 할아버지가 바느질한다고 생각하니 정말 우스웠다!

"리디아, 할아버지는 옷감을 짜셨단다." 어머니가 말했다. "그는 우리들 옷을 만들 옷감을 모두 짜셨고, 이웃을 위해서도 그렇게 하셨지. 사실 난터켓 마을 사람들은 모두 아버지에게 옷감을 짜달라고 했지."

"할아버지는 옷감 아주 잘 짜셨나 봐요." 벤이 말했다.

"그랬어. 하지만 그걸로는 먹고 살 수가 없었어. 아버지가 옷감을 짜도 많은 사람들이 돈을 지불할 수가 없었어. 그 해 고래잡이가 매우 안좋았거든. 너희들도 알다시피 난터켓 사람들은 거의 대부분 고래잡이를 했단다."

어머니는 아무리 바빠도 아이들과 대화하는 것을 잊지 않았다.

"할아버지는 고래잡이를 안하셨죠?" 벤이 곰곰이 생각하며 물었다.

"안하셨지." 프랭클린 부인이 말했다. "하지만 그외의 다른 일들을 거의 다 할 수 있었어. 게다가 교육을 받은 분이셨고. 그래서 아버지는 학교를 시작하셨지. 나도 아버지에게서 배웠어."

"엄마는 선생님 말씀을 잘 들었어요?" 제인이 물었다.

"그럼. 아주 잘 들었지. 나는 학교가 문을 닫게 돼서 섭섭했어. 한 달인가만에 문을 닫았어. 사람들이 너무 가난해서 선생님한테 돈을 지불할 수가 없었어."

"또 고래잡이가 실패했나요?"

프랭클린 부인이 고개를 끄덕였다. "그 해에도 또 고래잡이가 신통치 않았어." 그녀가 말했다. "그래서 아버지는 학교를 그만두고, 다른 일을 찾아보셨지.

그는 방앗간을 사서 그 섬에 사는 사람들을 위해서 옥수수를 갈아주었지. 인디언들에게도 말이야."

"할아버지는 어떻게 인디언에게 말을 했어요?" 벤이 물었다.

"인디언 말을 배우셨어. 그리고 인디언들은 아버지가 정직하다는 걸 알았지." 프랭클린 부인이 말했다. "아버지는 그 해 돈을 조금 벌었어. 하지만 그다음 해에는 비가 안 와서 가뭄이 들었어. 시냇물은 말라버렸고, 방앗간의 물레바퀴를 돌릴 물조차 부족하게 됐어."

"저런!" 벤이 말했다.

"그래. 정말 어려웠어. 하지만 얼마 후에 아버지는 자기가 좋아하는 일을 하게 되었어. 새로 이주해 온 사람들을 위해서 땅을 측량해주는 일이었지. 그런데 그 땅은 모두 숲이어서 할아버지는 숲 속에서 천막을 치고 살아야 했어. 도와주는 조수도 있었고, 인디언들이 매우 친절했기 때문에 한동안은 잘 지냈어."

"한동안이라고요?" 영리한 벤이 뭔가 눈치를 챘다. "무슨 일이 일어났나요?"

"그 얘기는 내일 해줄게. 이제 점심준비를 해야 하거든." 프랭클린 부인이 말했다.

"내가 자라면 할아버지가 하셨던 일을 모두 해볼 거야." 벤이 여동생들에게 말했다.

"옷감을 짤 거야?" 리디아가 물었다.

"그럼. 선생님도 되고, 방앗간도 하고, 측량할 거야."

"숲 속에서 살고?" 제인이 물었다.

"그럼." 벤이 자신있게 말했다. "그리고 인디언 말도 배울 거야."

여동생들은 벤이 매우 자랑스러웠다! 리디아는 그날 저녁 큰 오빠들에게 벤이 뭘 할 건지 얘기해주었다.

"하하!" 존이 웃었다. "네가 네 가지 기술을 배우겠다는 거지? 나는 한 가지밖에 못 배웠는데."

"나는 아직 한 가지도 못 배웠어." 피터가 말했다.

"난 양초와 비누 만드는 기술을 못 배울 것 같아." 토마스가 말했다.

"걱정하지 마라, 벤." 아비야 프랭클린이 다정하게 말했다. "언젠가는 네가 형들을 놀라게 해줄 거야."

2. 인디언 소녀와 조랑말

다음 날도 몹시 추웠고, 아이들은 여전히 난로 앞에 오손도손 모여 있었다.

어머니는 아이들 옆에 앉아서 뜨개질감을 꺼냈다.

"엄마, 할아버지 얘기를 해주신다고 하셨어요." 벤이 말했다.

"아, 그렇지. 음, 그러던 어느 날 한 열네 살 정도 된 인디언 소녀가 숲 속에 있는 아버지 천막으로 왔어. 이를 뽑아달라고 했지. 이가 너무 아팠지만 인디언 의사가 사냥을 나갔고 그가 올 때까지 기다릴 수 없었거든."

어머니가 들려준 할아버지와 인디언들의 이야기는 이랬다.

아버지는 그 소녀의 이를 뽑아 주고 돌려 보냈다. 그런데 다음날 아침 일찍 그 소녀가 예쁜 조랑말을 끌고 다시 온 것이다.

"이를 뽑아주신 대가로 이걸 드릴게요." 그녀가 아버지에게 말했다.

"아니다." 아버지가 말했다. "그렇게 과분한 선물을 받을 수는 없다. 다시 가지고 가거라."

그러나 소녀는 웃기만 하고 재빨리 숲 속으로 사라졌다. 그날 오후 인디언 의사가 아버지 천막으로 왔다. 그는 매우 화가 나 있었다.

"그 조랑말은 내 거요." 그가 말했다.

"그러면 가져가시오." 아버지가 말했다.

인디언은 그 조랑말을 가지고 인상을 쓰며 사라졌다.

아버지는 걱정되기 시작했다. 그는 인디언들과 좋은 관계를 유지해야 했다.

"무슨 문제가 생겼나요?" 벤이 급히 물었다.

"기다리면 알게 돼." 어머니가 말했다.

이제 다음 날 아침이 되었고, 그 소녀는 다시 같은 조랑말을 끌고 왔다.

"당신 거예요." 이렇게 말하고는 달아나 버렸다.

그날 오후 다시 그 인디언 의사가 왔다. 그는 몹시 화

그런데 다음날 아침 일찍 그 소녀가 예쁜 조랑말을 끌고 다시 온 것이다.

가 난 듯 한마디도 하지 않은 채 조랑말 위에 훌쩍 올라타더니 출발했다. 그러다 갑자기 아버지 옆의 나무를 향해서 화살을 쏘았다. 다음번에는 아버지를 쏘겠다는 경고였다. 일주일쯤 후에 그 인디언 소녀가 다시 나타났다. 이번에도 같은 조랑말을 끌고 왔다. 그녀가 입을 열기 전에 아버지가 마치 살쾡이처럼 재빨리 그녀의 팔을 잡았다.

"나를 너희 아버지한테 데리고 가거라."

그녀가 고개를 흔들었지만, 아버지가 워낙 강경하게 고집을 부리자 거절하지 못했다. 아버지가 인디언 마을에 도착하기 직전 소녀가 이렇게 말했다.

"내 아버지 모시고 올게요."

그래서 아버지는 머스켓총을 발사할 준비를 하고 기다렸다. 금세 그 소녀가 체격이 큰 용사와 함께 나타났다.

"레드울프 추장." 그녀가 말했다. "내 아버지."

아버지는 일어난 모든 일을 추장에게 설명했다. 그는 조랑말을 원하지 않는다고 말했다. 다만 소녀를 도와주고 싶었을 뿐이라고 했다. 추장은 그의 딸을 돌아보았다.

"브라이트 스타." 그가 말했다. "너는 왜 네 것도 아닌 조랑말을 가져갔니?"

"인디언 의사가 백인에게 돈을 주지 않았어요." 브라이트 스타가 말했다.

"그가 왜 나한테 돈을 줘야 하지?" 아버지가 물었다.

"당신이 뽑았고, 그는 안 뽑았어요."

"아!" 아버지가 말했다. "네 이빨을 뽑아 준 나에게 인디언 의사가 돈을 줘야 된다고 생각했구나."

"네, 네!" 브라이트 스타가 말했다. "그래요!"

"그래서," 아버지가 말을 이었다. "나에게 빚을 갚으려고 그의 조랑말을 나한테 가져왔구나."

"네, 네!"

추장의 두 눈이 빛났다. "브라이트 스타, 그에게 조랑말을 몇 번 주었지?"

"세 번 주었어요. 두 번은 의사가 다시 가져왔어요!"

추장이 웃었다. 브라이트 스타도 웃었다. 아버지도 웃었다. 그리고 레드울프 추장은 자신이 인디언 의사에게 설명하겠다고 말했다.

"이제 이 조랑말을 가져가시오. 이건 당신 것이오." 레드울프가 말했다.

아버지는 조랑말을 가지고 집으로 왔다. 그리고 나는 말타는 법을 배워서 신나게 동네를 돌아다녔다.

8
보스턴 학교

1. 신사 방문객

봄이 왔고, 벤은 이제 바깥에서 놀았다. 그는 어느 날 웅장한 파란색 마차가 파란색 공이 달린 문 앞에 오는 것을 보지 못했다. 그리고 세련된 신사 세 명이 마차에서 내려 양초가게로 들어가는 것도 보지 못했다.

프랭클린 씨는 깜짝 놀랐다. 그들은 보스턴에서 영향력있는 사람들이었다. 그중 한 사람은 판사였다. 또 한 사람은 의사였고, 나머지 한 사람은 사업가였다.

'그들이 우리집에 왜 왔을까?' 그가 생각했다. '저렇게 잘사는 사람들이 이곳에 양초나 비누를 사러 오지는 않을 텐데. 하인한테 심부름 시키지.'

그는 몸을 굽혀 정중하게 인사를 했다.

"프랭클린 씨." 판사가 말했다. "조용히 할 말이 있습니다."

조시아는 그 신사들을 인도해서 부엌으로 갔다. 그들은 프랭클린 부인에게 몸을 굽혀 인사를 한 뒤, 딱딱한 나무벤치에 앉았다.

아비야는 멀찌감치 구석에 앉아서 뜨개질을 했다.

조시아는 중앙에 서서 방문객을 바라보았다. 그는 여전히 양초를 끓일 때 입는 가죽 앞치마와 양초를 부을 때 쓰는 높은 흰색 모자를 쓰고 있었다.

"프랭클린 씨." 판사가 말했다. "우리는 대표단입니다. 당신도 알다시피 주지사께서 우리를 임명해서 집집마다 다니며 부모가 자기들 의무를 다하고 있는지 확인하라고 하셨지요."

"네, 어르신." 조시아가 말했다.

판사는 계속 이어 말했다. "새로 제정한 법에 따르면 아이들은, 남자 여자 할 것 없이, 누구나 읽기를 배워야 합니다. 만일 부모가 그 법을 어기면 벌금을 물거나 감옥에 가야 합니다."

"또한" 의사가 말했다. "그의 자녀들을 빼앗아서, 교육을 시킬 수 있는 다른 사람에게 줄 수도 있습니다."

조시아는 깜짝 놀랐다. 이 새로운 법에 대해서 모르고 있었기 때문이다. 아비야도 겁에 질렸다. 이 사람들이 이제 어떻게 할 것인가? 아이들 중 누구 하나라도 데려가 버리면 어쩌나?

"프랭클린 씨." 사업가가 말했다. "당신은 학교갈 나이의 아이들이 있습니다. 그들이 학교에 다니고 있습니까? 그렇지 않다면 그것을 어떻게 설명하시렵니까?"

"네, 선생님." 조시아가 말했다. "이렇게 설명을 드리지요. 제 아이들 중 몇은 자택학교에서 공부 했습니다."

"그것은 법에 맞습니다." 판사가 말했다. "비록 여자가 자기 집에서 가르치기는 하지만, 적법하다고 판결을 내렸습니다.”

"그리고 세 아들한테는 제가 기술을 가르치고 있습니다.” 조시아가 말을 이었다.

"그것도 적법한 교육입니다.” 판사가 말했다. "기술을 배우는 것도 학교지요.”

"막내 아들 벤자민은 어떻게 하고 있습니까?” 의사가 물었다.

"저희는 그 아이를 학교에 보낼 여유가 없습니다. 아이들이 너무 많아서 자택학교에 보낼 돈도 없습니다.”

"하지만 보스턴 라틴학교는 무료인데요.” 의사가 말했다.

"죄송하지만, 어르신. 교과서는 무료가 아니지요.” 조시아가 말했다. "그리고 장작값을 내야 합니다.”

"아, 하지만 그거야 아주 적은 돈이 아닙니까?' 사업가의 목소리가 놀란 것처럼 들렸다.

"하지만 저한테는 적은 돈이 아닙니다.” 조시아가 말했다.

잠시 침묵이 흘렀다. 그리고 판사가 말했다. "벤자민

이 성경을 읽는다고 들었습니다. 그렇습니까?"

"그렇습니다." 조시아가 말했다.

"아직 여덟 살 밖에 안 됐다면서요?"

"지난 1월에 여덟 살이 되었습니다. 1706년에 태어났으니까요."

판사는 다른 두 사람에게 몸을 돌렸다. "정말 놀라운 아이군요. 커서 훌륭한 학자가 되겠어요. 교회 성직자가 될 수도 있지요."

"프랭클린 씨, 안 그렇습니까?" 의사가 물었다. 아드님이 성직자가 된다면 상당히 명예로운 일이지요."

그러나 조시아는 고개를 흔들었다. "저는 한 아이를 학교에 보내기 위해 다른 아이들을 고생시키고 싶지는 않습니다." 그가 말했다.

대표단들은 서로 얼굴을 쳐다보며 천천히 고개를 끄덕였다.

"프랭클린 씨." 판사가 말했다. "당신 말에 동의합니다. 만일 시에서 야간 경비용 양초를 당신에게 주문한다면 도움이 되겠습니까?"

"네." 조시아가 말했다. "그러면 벤을 학교에 보낼 수 있습니다. 그렇게 친절을 베풀어주시니 감사합니다."

방문객들은 일어나서 프랭클린 부인에게 몸을 굽혀 인사를 했다. 프랭클린 씨는 가게로 들어가는 문을 열었다. 그들은 그를 뒤따라 나갔다.

"하나님, 감사합니다!" 아비야가 말했다. "마침내 벤이 성직자가 되는구나!"

2. 보스턴 라틴학교

프랭클린 씨는 야간 경비용 양초를 공급했고, 벤은 학교에 갔다. 그 학교는 여름방학도 없이 일 년 내내 쉬지 않고 학기가 계속되었다. 추수 감사절과 크리스마스에만 하루씩 쉬었다.

겨울에는 아침 여덟 시에, 여름에는 아침 일곱 시에 수업 시작종이 울렸다. 끝나는 종은 겨울에는 오후 네 시, 여름에는 오후 다섯 시에 울렸다.

소녀들은 보스턴 라틴학교에 다닐 수 없었다. 선생님은 모두 남자들이었고 매우 엄격했다. 소년들은 작은 일에도 매를 맞았다. 공부하다가 한 개만 실수해도 매를 맞았다.

 책은 모두 영어가 아니라 라틴어로 쓰여 있었다. 라틴어는 아주 옛날에 로마에서 사용하던 언어였다. 그 당시 성직자가 되려면 반드시 라틴어를 알아야 한다고 생각했다. 적어도 라틴어로 몇 문장을 말할 수 있어야 했다.

 벤은 성직자가 되어야 하므로 반드시 라틴어를 공부해야 하고, 그래서 이 라틴학교에 다녀야 한다.

 철자법, 작문, 산수 시간은 없었다. 음악, 미술, 기술 시간도 없었다. 오직 라틴어 시간밖에 없었다.

 학생들은 아침 내내 라틴어를 공부했다. 열한 시부터 열두 시까지는 점심시간이었다. 열두 시부터 한 시까지 그들은 지난 일요일에 들은 설교에 대한 질문에 대답해야 한다. 그리고 오후가 되면 다시 라틴어를 공부했다.

 벤은 이솝의 우화로 공부를 시작했다. 그 책은 라틴어로 쓰여 있었는데 모조리 외워야 했다.

 모든 학생들이 공부한 것을 외워야 했다. 대부분의 소년들은 그것이 무슨 내용인지도 이해하지 못했다. 다만

선생님은 모두 남자들이었고

그것을 말하는 법만 배우고 있었다. 차라리 그 학교를 "보스턴 앵무새 학교"라고 부르는 게 나을 것이다!

벤은 학교에 간지 두 달이 되자, 이솝 우화 한 개를 읽을 수 있게 되었다. "개와 그림자"였다.

선생님은 벤이 만족스러웠다.

"다음 달 방문일에 그것을 암송해라." 그가 말했다.

방문일은 매년 보스턴의 주지사와 다른 중요한 사람들이 학교를 방문하는 날이었다. 아버지들도 방문하고,

매우 엄격했다.

대표단도 방문할 것이다.

  소년들은 그들이 맡은 라틴어 작품을 암송할 것이다. 그러나 만일 실수하는 아이는 방문객들이 떠난 뒤 혹독하게 매를 맞을 것이다!

  학교에서 벤과 제일 친한 친구는 세 살 위의 소년 네이슨 모스였다. 네이슨은 "늑대와 아이"라는 이솝 우화를 암송해야 했다. 그러나 그는 어찌 된 영문인지 라틴어를 외울 수가 없었다.

벤이 그를 얼마나 많이 도와주었던지, 그 우화를 네이슨보다 더 잘 외우게 되었다.

"만일 방문일에 내가 실수하면……" 네이슨이 말했다. "그럼 어떡하지? 아버지가 몹시 마음이 상하실 텐데. 내가 꼭 성직자가 되기를 원하시기 때문에 먹을 것이 부족한데도 나를 라틴학교에 보내시는 거야. 나는 반드시 잘 해야 돼."

그 이후 벤은 아침, 점심, 저녁으로 그 친구를 도와주었다. 마침내 네이슨은 "늑대와 아이"를 한 번도 실수하지 않고 암송할 수 있게 되었다. 벤도 친구가 공부를 잘 하게 된 것이 본인 못지않게 기뻤다.

3. 방문일

1714년 10월 10일, 그 중요한 날이 닥쳤다. 방문객은 오전 열 시에 왔다. 오십 명이 방문을 왔는데 모두 남자들이었다.

주지사는 우단으로 된 양복에 하얗게 분가루를 뿌린 가발을 쓰고 깃털이 달린 모자를 썼다.

검은색 가운을 입은 성직자들도 있었다.

판사와 변호사들은 검은색 가운에 하얀 가발을 썼다.

의사와 사업가들도 화려한 옷과 은버클이 달린 신을 신고 있었다.

부유한 아버지들은 소맷부리에 레이스가 달린 공단 양복을 입고 마차를 타고 왔다.

가난한 아버지는 딱 두 명밖에 없었다. 그들은 뒤쪽 구석에 앉아 있었다. 은버클도, 흰 가발도, 화려한 깃털도 없었다.

벤은 예리한 눈으로 그들을 알아보았다. "저기 너희 아버지와 우리 아버지가 오셨어!" 그가 네이슨에게 속삭였다.

두 소년은 기뻤다. 하지만 너무 겁이 나서 무릎이 덜덜 떨렸다. 네이슨은 긴장된 나머지 어디가 아픈 것만 같았다. 모든 소년들이 겁이 났고, 선생님도 겁이 났다. 만일 누구라도 작품을 깜빡 잊어버린다면! 그러면 학교 문을 닫아야 한다.

벤이 나이가 가장 어리기 때문에 제일 먼저 발표하기

로 했다. 그는 구리단추가 달린 파란색 모직 양복을 입어 그 어느 때보다 더 말쑥해 보였다.

 자기 이름을 부르는 소리가 들리자 벤이 강단으로 나갔다. 그는 먼저 주지사에게, 그리고 선생님에게 몸을 굽혀 인사를 했다. 그러자 선생님은 벤 프랭클린이 "늑대와 아이" 우화를 암송할 것이라고 발표했다.

 번갯불처럼 재빠르게 벤은 무슨 일이 벌어졌는지 알아챘다. '선생님은 내가 네이슨의 작품을 암송한다고 잘못 말씀하셨다는 걸 모르시는구나.' 그가 생각했다. '어떡하나? 만일 그걸 암송하면 네이슨이 곤경에 빠질 텐데. 그러나 만일 그게 내 작품이 아니라고 말하면 선생님이 곤경에 빠지실 테고.

 그렇다면 네이슨의 작품을 암송하지 말아야지. 그리고 선생님께도 아무 말 말아야지.' 벤은 이렇게 결정을 내렸다.

 그리고 그 용감한 소년은 그곳에 서서 바닥을 내려다보고 있었다.

 '어떻게든 벤에게 그걸 암송하게 만들 텐데.' 가엾은

네이슨이 생각했다. '그러면 난 어떡하지?'

"우리 모두 기다리고 있다." 주지사가 말했다. "벤자민, 네 작품을 암송하거라."

벤자민은 오로지 거기에 서서 바닥을 내려다볼 뿐이었다. 그는 자신의 작품을 암송할 수도, 네이슨의 작품을 암송할 수도 없다. 어떻게 하든 누군가는 곤란하게 될 터이니 말이다.

"쯧쯧." 일 이 분 후에 주지사가 말했다. "네가 네 우화를 외우지 않은 게 틀림없구나. 게으름을 피우고 공부를 안 했군."

대표단은 머리를 끄덕였다. 성직자와 판사와 의사와 변호사들도 머리를 끄덕였다. 사업가와 부유한 아버지들도 머리를 끄덕였다.

주지사는 이어 벤에게 말했다. "내가 어린 소년이었을 때는 우화를 열두 개나 라틴어로 암송할 수 있었는데, 너는 하나도 제대로 못 하는구나. 윌리엄 선생, 이 아이를 호되게 벌주시오."

"알겠습니다, 주지사님." 선생님이 말했다.

"매 맛을 보면 말을 듣겠지." 주지사가 계속 말했다.

"물론이죠!" 변호사들이 말했다.

"물론이죠!" 성직자들도 말했다.

"물론이죠!" 다른 사람들도 말했다.

"네가 네 우화를 외우지 않은 게 틀림없구나."

아니 다른 사람들이 모두 그런 것은 아니었다. 한쪽 구석에 앉아있던 두 명의 아버지는 주지사의 말에 동의하지 않았다. 그들은 벤이 말을 안 듣는 게 아니란 사실을 알고 있었다. 그들은 선생님이 실수했다는 걸 알고 있었다.

아뿔싸! 선생님은 여전히 그가 무슨 잘못을 저질렀는지 모르고 있었다. 그는 벤이 떨려서 그랬다고 생각했지만, 그렇다고 "그를 용서할 수는 없었다." 그가 생각했다. '저 녀석, 얼간이처럼 가만히 서서 마룻바닥만 내려다볼 게 아니라, 한 두 줄만이라도 외웠어야지.'

벤을 쳐다보는 그의 눈에는 분노가 일었다. "자리로 가서 앉아라." 그가 차갑게 말했다.

벤은 몹시 겁에 질린 채 그의 자리로 갔다. 그는 호되게 벌을 받을 것이라는 사실을 알았다.

그리고 네이슨의 이름이 불렸다. 그러나 네이슨은 일어서지 않았다. 그 대신 그의 아버지 모스 씨가 구석에서 일어났다.

"네이슨은 아픕니다." 그가 말했다. "당장 집으로 데려가야겠습니다."

모스 씨가 네이슨을 데려가자 방안은 잠시 동안 웅성웅성하며 어수선해졌다. 그리하여 아무도 조시아 프랭클린이 일어나서 강단으로 올라가 윌리엄 선생님과 얘기하는 것을 눈치채지 못했다.

"벤이 왜 그렇게 했는지 모르시죠?" 그가 나지막이 말했다. "그는 단지 친구 네이슨을 도와주려고 그랬던 것입니다."

"네이슨을 도와주다니요?" 선생님은 깜짝 놀랐다. "그게 무슨 뜻이죠? 벤이 암송을 안 하는 게 어떻게 네이슨을 돕는다는 말입니까?"

"선생님께서 벤의 작품 제목을 잘못 말씀하셨어요. 벤이 "늑대와 아이"를 암송한다고 발표하셨거든요. 그것은 네이슨의 작품이지요."

선생님의 얼굴은 마치 분필처럼 하얗게 변했다. "이럴수가!" 그가 말했다. "제가 그랬단 말입니까?"

"네." 프랭클린 씨가 말했다. "그래서 네이슨이 아프다고 떠났고, 그래서 벤이 입을 열지 않은 것이지요."

"프랭클린 씨, 알려주셔서 감사합니다. 저는 몰랐습니다. 오늘처럼 떨린 날은 처음이에요. 이렇게 많은 방문객이 올 줄 몰랐거든요."

"주지사 한 분만 오셔도 떨리겠습니다." 조시아가 말했다.

"쉬--!" 선생님이 속삭였다. 그는 기분이 좋은 듯 보였으나 곧 다시 엄숙한 표정을 지었다. "어떻게 이 일을 바로잡지요?" 그가 물었다. "물론 가서 네이슨을 만나보겠어요. 하지만 벤에게는 어떻게 해야죠?"

"벌만 주시지 않으면 됩니다." 조시아가 말했다.

"물론 그래야죠. 아드님은 네이슨만 도와준 게 아니라 저도 도와줬는 걸요. 만일 벤이 한마디만 했다면, 만일 주지사에게 그게 자기 작품이 아니라고 말했다면, 저는 학교에서 쫓겨났을 것입니다."

"그러셨겠지요." 조시아가 말했다.

"프랭클린 씨, 아드님이 오늘 한 행동은 참 용감한 행동입니다. 보스턴에서 그런 성품을 가진 소년을 두 번 다시 찾아보기 힘들 것입니다. 제가 벤한테 선물을 하겠습니다. 달콤한 자두를 한 봉지 주겠습니다. 그러니 제발 주지사께는 말씀하지 말아 주십시오!"

"아무 말도 않겠습니다." 조시아가 말했다. "주지사

는 벌써 너무 많은 것을 알고 있으니까요. 라틴어를 너무 많이 알지요!"

선생님이 미소를 지었다. 조시아도 미소를 지었다. 그리고 구리단추가 달린 파란색 양복을 입은 작은 소년은 매를 맞지 않아도 된다는 사실을 알고 따라서 미소를 지었다.

4. 작문학교

일 년이 지나 1715년 10월이 되었다. 벤은 더 이상 보스턴 라틴학교에 다니지 않았다. 아버지는 벤을 성직자로 만들려던 생각을 바꾸었다. 너무 오래 걸리고 돈이 너무 많이 들었다. 그 뿐 아니라 그는 벤이 라틴어만 배워서 될까 하고 의심을 했다.

모스 씨도 같은 생각을 했고, 네이슨을 보스턴 라틴학교에서 데리고 나왔다.

두 소년은 작문학교를 다니게 되었다. 이름은 그래도 거기서는 읽기, 철자법, 산수도 배웠다. 그 과목들이 라틴어보다 더 쓸모있게 보였다.

그 학교는 무료가 아니었으나, 학비는 라틴학교의 교과서와 장작비보다 더 적었다. 작문학교 선생님은 아주 아름답게 글씨를 썼다. 그는 문장을 직접 쓴 책을 만들

그는 거위 깃대 펜과 잉크 만드는 법을 배웠다.

었고, 학생들은 그것을 모방했다. 각각의 학생은 자기 자신의 책이 있었다.

학생들은 반나절 동안 작문을 공부했는데, 10줄을 쓰는 것이 전부였다. 그것은 책의 한 페이지였다.

벤은 글씨를 선명하고 아름답게 쓰는 법을 배웠다.

그는 거위 깃대 펜과 잉크 만드는 법을 배웠다. 그는 젖소 뿔로 잉크병을 만들었다. 뿔의 한 쪽 끝을 톱으로 잘라내고 그것을 나무받침대에 끼워넣었다.

선생님은 벤의 읽기와 철자법 실력에 매우 만족했다. 그러나 벤은 산수만은 다른 과목처럼 잘 하지 못했다.

학생들에게는 산수책이 없었다. 선생님은 소년들의 석판에 문제를 적어주고 그것을 풀도록 했다.

한 아이가 한 문제를 풀기까지 사나흘이 걸리는 경우도 있었다. 만일 그가 선생님께 도와달라고 해도, 선생님은 "널 도와줄 시간이 없다."고 말을 했다.

그리고 도와주지 않았다. 학생들도 너무 많고 수업도 너무 많아서 선생님은 학생들을 일일이 도와줄 수 없었다. 더하기를 할 때 자릿수 올리는 것을 설명해줄 시간이 없었다. 벤은 선생님이 내준 문제를 풀었다. 그의 석판에는 이렇게 쓰여 있었다.

```
    7  2  5           8  4  8
 +  6  9  8        +  2  6  2
   ─────────         ─────────
   13 11 13          10 10 10
```

그리고 선생님이 채점을 했을 때는 이렇게 써 있었다.

```
    7 2 5              8 4 8
  + 6 9 8    ✗       + 2 6 2    ✗
  ───────             ───────
   13 11 13           10 10 10
```
               <u>0 0</u>

벤은 그가 왜 빵점을 받았는지 이해할 수가 없었다.

그는 점심 때 자신의 석판을 네이슨에게 보여주었다. "분명히 이 답들이 맞아." 벤이 말했다. "내가 손가락으로 네 번이나 세어봤거든."

네이슨은 그의 풀이를 보았다. 그리고 이렇게 말했다. "이 답이 모두 맞아. 나도 더하기를 그렇게 하거든."

"선생님께 여쭤보자." 벤이 제안했다.

"무서워." 네이슨이 말했다.

"여쭤본다고 매를 때리시진 않을 거야. 지금이 딱 좋아. 아직 오후시간이 시작되기 전이거든. 난 안 무서워. 넌 진짜로 무서워?"

"아니. 안 무서워!" 네이슨이 이제 이렇게 말했다.

그러나 두 소년이 선생님 책상까지 가자, 네 무릎이

덜덜덜덜 떨렸다. 석판을 붙들고 있던 네 손도 달달달달 떨렸다.

선생님은 석판 더미를 채점하느라 바빴다.

"선생님, 저희가 더하기 문제 푼 걸 봐주시겠어요?" 벤이 물었다. "뭐가 잘못되었는지 모르겠어요."

"저도요." 네이슨이 말했다.

"내가 너희들 석판을 채점했지. 안 그러냐?" 선생님이 찡그린 얼굴로 대답했다.

"그걸 다시 들여다 볼 시간이 없다. 내가 바쁜 것 안 보이냐?"

"알았습니다."

"그러면 가서 너희 자리에 앉고, 다시는 나를 귀찮게 하지 말아라." 선생님이 두 소년에게 명령했다.

네이슨과 벤은 날마다 덧셈에서 빵점을 맞았다. 더하기를 어떻게 하는지 여전히 알 수가 없었던 것이다.

빼기는 더 엉망이었다. "참 이상도 하지." 벤이 생각했다. "0에서 1을 빼면 9가 나오고, 0에서 10을 빼면 90이 나오니 말이야.

```
  1 0 0        1 0 0
-     1      -   1 0
─────────    ─────────
    9 9          9 0
```

좋은 선생님이라면 그것을 단 오 분안에 가르쳐줄 수 있었을 것이다. 100을 열 개의 10으로 만들고, 열 개의 10에서 열 개의 1을 만드는 방법을. 그러나 벤의 선생님은 학생들로 하여금 열 개의 10과 열 개의 1이 허공에서 뚝 떨어진다고 생각하도록 내버려 두었다.

네이슨과 다른 소년들은 아무 상관이 없었다. 그들은 그것이 어디서 떨어지든 관심이 없었다.

그러나 벤은 생각이 남달랐다. 그는 모든 것의 이유를 알아야만 했다. 열 개의 10과 열 개의 1은 분명히 그 근원이 있을 것이다. 그는 어리둥절하고 혼란스러웠다. 그는 빼기에서 낙제를 할 것을 알았다. 아니나 다를까 낙제를 했다. 그리고 물론 곱셈이라고는, 짧든 길든 손도 댈 수가 없었다.

처음에 소년들은 그를 놀렸다. 그들은 심지어 시를 지어서 놀렸다.

꼬맹이 벤은 0에서 9를 뺀다지.
0에서 9를 빼면 10이 나온다지.
가엾은 벤은 정말 슬펐어.
빼기나 더하기나, 둘 다 못했어.
곱하기는 아예 손도 못댔지.
그것만 뺀다면 똑똑한 아이지.

벤은 영리했다. 그는 학교의 작은 도서관에 있는 책을 모두 다 읽었다. 그 중 어떤 책들은 다른 소년들에게는 매우 어려운 책이었다.

얼마 후 그들은 벤을 더 이상 놀리지 않았다. 그대신 벤에게 읽기, 철자법, 쓰기를 도와달라고 찾아왔다. 아닌게 아니라 산수만 빼고는 모든 것을 도와달라고 했다.

9
강에서 수영하기

1. 수상쩍은 선원

벤은 다른 것도 도와주었다. 그는 친구들에게 수영을 가르쳐 주었다. 그는 작문학교에서 최고의 수영선수였다. 어떤 소년들은 그가 보스턴 전체에서 최고의 수영선수라고 말했는데, 그는 아직 열 살밖에 안됐다.

벤은 수영을 언제 배웠는지 기억이 나지 않았다. "아마도 내가 여섯 살 때였을 거야." 그가 말했다. "아빠

가 나한테 수영을 가르쳐 주셨어. 하지만 어려운 수영법은 나 혼자 배웠어. 아니 사실은 진짜로 나 혼자 배운 건 아니야."

이렇듯 벤은 정직한 소년이었다. 사실이 아닌 것을 그런 것처럼 보이려고 하지 않았다. 그는 어려운 수영법의 설명과 그림이 나와있는 책을 읽었다고 아이들에게 말했다.

그는 그 그림들을 연구했고, 할 수 있을 때까지 실제로 물에서 연습했다고 말했다.

체력이 튼튼한 벤은 바닷물에서든 강물에서든 수영을 잘할 수 있었다.

그의 친구들 중에는 아무도 그런 아이가 없었다. 바닷물에서 수영하기가 더 쉬웠기 때문에 그들은 항상 강 대신 바다로 갔다.

그러나 오늘은 강으로 가기로 했다. 소년들이 강물에서 수영을 배울 때가 되었다고 벤이 말했기 때문이다.

그들은 "높은 강둑"이라고 불리는 곳으로 갔다. 그곳은 매우 가파른 강둑이라 아무도 없는 한적한 곳이었다.

그들은 수영하던 도중, 어떤 남자가 기슭에서 지켜보고 있는 것을 발견하고는 깜짝 놀랐다. 그의 모자와 통이 넓은 바지를 보니 선원이란 걸 알 수 있었다. 그는 특별히 벤을 관찰하고 있었다.

벤은 그가 자기를 보고 있음을 눈치챘다. 곧 그 선원은 벤에게 이리오라는 손짓을 했다.

"이리 와 봐! 이리 와 봐!"

벤은 어려운 수영법으로 강기슭으로 갔다.

"너를 지켜보고 있었단다." 선원이 말했다. "네가 하는 수영법을 나한테 가르쳐줄래? 내가 돈을 줄게. 나는 부두에 있는 범선의 선장이야."

"아빠한테 여쭈어 볼게요." 벤이 말했다.

"나는 그럴 시간이 없어." 선장이 말했다. "나는 곧 배로 가야 해. 근처에 있는 바다로 가서 같이 수영하자."

이때 다른 소년들이 기슭으로 왔다. 온 세상의 소년들이 다 그렇듯, 그들은 무슨 일인지 궁금했다.

"아빠 가게는 여기서 멀지 않아요." 벤이 말했다. "쏜살같이 다녀올게요."

"안 돼." 그가 말했다. "나는 기다릴 시간이 없어. 네가 돈을 벌고 싶다면, 지금 나와 같이 내 배가 있는 곳으로 가자."

벤은 돈을 벌고 싶었다. 그는 수영에 관한 어떤 책을 사고 싶었다. '잠깐 갔다가 와야겠어.' 그가 생각했다.

"벤의 아빠는 벤이 어떤 배에도 올라타지 못하게 해요." 네이슨이 말했다. "아빠가 함께 가지 않으면요."

선원은 그 말에 화가 난 것 같았다. "누가 너한테 물었냐?" 그가 거칠게 말했다.

벤은 설명을 하려고 했다. "왜냐하면 제 형 조시아가 도망쳐서 바다로 갔기 때문이에요."

"아!" 그가 말했다. "형에게서 무슨 소식 들었니?"

"아니요." 벤이 말했다.

"형을 찾고 싶니?"

"벤의 아빠는 수백 명의 선원들에게 그를 찾아달라고 했어요." 네이슨이 또 끼어들었다.

"시끄러워!" 그 낯선 사람이 화가 나서 고함을 질렀다. "저리 꺼져! 너희들 모두! 그리고 너만 남아." 그가 벤에게 말했다.

　그는 벤의 어깨에 손을 얹더니 또 한 손으로는 자기 벨트에 있는 칼을 만졌다.

　소년들은 겁에 질렸다. 그들은 전속력으로 꼭대기에 있는 덤불에 다다를 때까지 쉬지 않고 가파른 강둑을 올라갔다.

　"저 사람은 수영법을 배우려고 하는 게 아닐 거야!" 네이슨이 낮은 목소리로 말했다. "그는 벤을 자기 배로 데려간 뒤에 멀리 달아나려고 하는 거야. 빨리 가자! 양초 가게로!"

2. 빨리요, 프랭클린 씨! 빨리요!

　소년들은 재빨리 양초가게에 도착했다. "프랭클린 씨! 프랭클린 씨!" 그들이 가게로 뛰어 들어오며 소리쳤다.

　프랭클린 씨는 가게 뒤쪽에서 급히 다가왔다. "무슨 일이냐, 얘들아! 벤에게 무슨 일이라도 났니?"

　"이상한 선원이 벤한테 말을 걸고 있어요!" 네이슨이 소리쳤다. "벤을 자기 배에 태우려고 해요! 우리 모두 가라고 쫓아냈어요!"

"그가 지금 어디 있니?"

"높은 강둑에요!" 소년들이 소리쳤다.

프랭클린 씨는 모자와 앞치마를 벗지도 않은 채 가게에서 뛰어나와 길을 달렸다.

그는 좁다란 길을 달렸다. 작은 가게들, 작은 집들, 부두, 좁은 골목들을 지나갔다. 마침내 그는 찰스 강에 도착했다. 높은 강둑은 그 근처였다. 그러나 그가 벤과 그 선원을 발견할 때까지는 무척 오랜 시간이 흐른 것처럼 느껴졌다.

그는 도망친 아들 조시아가 생각났다. 어떻게 그가 바다로 도망쳤는지도 모르고, 그 이후 아무 소식도 들어보지 못했다는 것을.

보스턴에서는 그런 일이 자주 일어났다. 나쁜 사람들이 소년들을 꾀어서 집에서 도망쳐 나오게 한 뒤, 배에 숨기고 그들을 선원으로 만들었다. 그들이 다시 집으로 돌아올지는 아무도 알 수 없었다.

'이제 그들이 벤을 꾀려 하고 있군.' 프랭클린 씨가 생각했다. 벤은 건강하고 힘이 셌다. 그는 배에서 매우 쓸모가 있을 것이었다.

'그 남자는 벤한테 큰 물고기, 사나운 폭풍, 해적과 격렬한 전투에 대해서 허풍을 떨 거야. 그것은 모두 허풍이고 거짓말이지. 하지만 벤은 그 말을 믿을지도 몰라. 아직 열 살밖에 안됐으니까.

그러고보니 벤은 항상 부두에 가서 배가 들어오고 나가는 걸 구경하기 좋아했어. 바다와 배를 좋아하는 것 같아.

그래. 벤이 그 선원을 따라갈지도 몰라. 집에서 도망쳐 달아날지도 몰라. 조시아가 도망쳤을 때도 벤보다 기껏해야 두세 살 많았지.'

프랭클린 씨는 달리는 도중 그런 생각이 번갯불처럼 떠올랐다.

강둑으로 가는 길목에 들어왔다. 강둑은 빽빽한 덤불에 가려 있었으나 그는 그곳을 잘 알고 있었다. 아들들과 함께 그곳에 여러 번 온 적이 있었다.

제 시간에 온 걸까? 벤이 아직 거기 있을까? 그는 급

그는 급히 덤불 사이로

히 덤불 사이로 고개를 내밀어 기슭 쪽을 내려다보았다. 그 선원은 아직까지 어린 벤자민에게 얘기하고 있었다.

프랭클린 씨는 좁다란 길을 따라 내려갔다. 아무 소리도 내지 않고 살금살금 걸어갔다. 이제 선원의 목소리를 들을 수 있었다. "네 나머지 인생을 이 쬐그만 마을에서 살다 마친단 말이냐? 너처럼 똑똑한 아이한테 이런 곳은 걸맞지 않아. 멀리 나가. 나가서 온 세상을 구경해. 영국에도 가고. 프랑스에도 가고. 스페인과 이탈리아에

기슭 쪽을 내려다보았다.

도 가고. 가고 싶은 곳은 어디든지 가 봐. 그게 바로 인생이야, 알겠니?"

"아빠는 제가 기술을 배우기 원하셔요."

"허허!" 선원이 웃었다. "그래봐야 돈 한 푼 못 벌 거다. 어떻게 큰돈을 버는지 내 가르쳐주지."

"진짜요? 어떻게 하면 큰돈을 벌 수 있어요?"

"네 수영법이면 돼. 네가 수영을 하면 내가 구경꾼을 모아 오지. 넌 왕과 왕비들 앞에서 수영하게 될 거야."

"왕과 왕비들이요? 정말 그렇게 할 수 있어요?" 벤이 물었다.

"그렇고말고. 그러면 너도 돈을 벌 거야. 안 그러니?"

"물론이죠." 벤이 말했다. "하지만 그 돈을 전부 갖지는 않겠어요."

'넌 한 푼도 못 가질 거다.' 선원이 속으로 말했다. 하지만 겉으로는 이렇게 말했다. "넌 온 세상을 구경할 거야. 내가 널 데리고 다니며 유럽을 모두 구경시켜 주지. 얘야, 근사하지 않니?"

"이 세상에 그보다 더 신 나는 일은 없겠어요!" 벤이 말했다.

"그럼 같이 가자. 순풍이 불면 오늘 밤에 돛을 올릴 거다."

"하지만 먼저 부모님께 말씀드려야 돼요!"

"부모님께 말씀 드린다고?" 선장이 화가 나서 말했다. "아무한테도 말하면 안 돼!" 그는 벤의 팔을 붙잡았다. "소리쳐 봐야 소용없다. 여긴 아무도 없으니까."

바로 그때 우거진 덤불에서 손 하나가 뻗어나왔다. 튼

튼한 팔뚝도 따라나왔다. 그 손은 주먹으로 변했다. 그 주먹은 마치 총알처럼 날아갔고, 그 선원은 그 자리에 납작하게 쓰러졌다.

그의 튼튼한 팔뚝을 따라서 조시아 프랭클린이 나왔다. 그리고 넋 빠져 누워있는 사람을 내려다보았다. 그는 선원의 벨트에서 칼을 꺼내서 근처의 강물 속으로 던졌다.

"우리가 강둑을 올라가기 전에는 그 칼을 못 쓰겠지." 프랭클린 씨가 말했다.

"아빠가 오셔서 정말 다행이에요! 정말 다행이에요!" 겁에 질린 소년이 말했다.

"아들아, 내가 마침 제때 와서 너를 구했구나!"

10
벤의 물갈퀴

 벤은 그동안 줄곧 어떻게 하면 수영을 더 빨리할 수 있을까 궁리해 왔다. 손과 발에 무엇을 달면 되지 않을까?

그 생각은 좋은 땅에 심은 씨처럼 자리를 잡았다. 서서히 그의 머리에는 어떤 그림이 떠올랐다. 수영하는 신발 혹은 물갈퀴였다.

씨앗은 싹을 틔우기 시작했다.

벤은 그것의 크기에 대해서 오랫동안 생각했다. 그 물갈퀴는 너무 짧지도, 너무 길지도, 너무 좁지도, 너무

넓지도 않아야 한다.

　재료로 사용할 나무 종류도 중요하다. 너무 무겁지도, 너무 가볍지도 않아야 한다.

　마침내 그는 계획을 세웠다. 물갈퀴의 치수가 결정되었고, 적절한 나무도 발견했다. 싹은 자라 줄기가 되어 잎을 내었다.

　프랭클린 씨는 벤에게 필요한 연장들을 사용하는 법을 가르쳐 주었을 뿐, 모든 작업은 벤이 혼자 하도록 허락해 주었다. 그것은 벤의 첫 번째 발명이었고, 벤이 혼자서 그것을 완성해야 한다.

　물갈퀴가 완성되었다. 꽃이 핀 것이다!

　벤은 그것을 시험해보고 싶었다. 오는 토요일 오후 네 시 그린메도우의 "큰 호수"에서 시험을 하기로 했다.

　보스턴 전지역의 소년들이 벤의 발명품에 대해 얘기했다. 라틴학교와 작문학교의 소년들은 다른 얘기라고는 거의 하지 않았다.

　토요일이 되었다. 그린메도우에는 소년들 수백 명이 와서 기다리며 열띤 논쟁을 했다.

"그 물갈퀴는 소용없을 거야." 한 소년이 말했다.

"아니야. 아주 유용할 거야. 나도 직접 해보고 싶어." 다른 소년이 말했다.

"다리에 쥐가 날 거야." 세 번째 소년이 말했다.

"그렇지 않아!" 열 몇 명이 소리쳤다.

벤은 그들의 논쟁에 아랑곳하지 않았다. 그는 물갈퀴를 시험하느라 몹시 바빴다. 네이슨 모스가 벤의 손목과 발목에 물갈퀴를 묶어 주었다.

호수는 그렇게 크지 않았기 때문에 모든 소년들이 벤 가까이 모여 있을 수 없었고, 넓게 물러서야 했다. 마침내 소년들은 호수 주변을 둥그렇게 둘러쌌다.

"벤은 왜 더 큰 호수를 고르지 않았을까?" 그들이 불평했다. "강이나, 바다에서 했더라면······."

그러나 벤에게는 이유가 있었다. 매우 신중하게 정한 일이었다.

그는 물갈퀴가 제대로 작용할지 확신이 없었다. 그러므로 먼저 잔잔한 물에서 시험하기로 했다. 그러려면 물살이 없는 작은 호수가 적당했다. 그리고 나서야 바다에서 시험해볼 것이다.

이제 준비가 완료되었다. 벤이 기슭에서 물로 들어갈 때, 소년들은 숨을 죽이고 관찰했다.

호수 주변의 소년들은 서로서로 속삭였다.

"물갈퀴가 작용 안 하면 어떡하지?"

"벤의 팔다리에 쥐가 나면 어떡하지?"

"벤이 물속에 가라앉으면 어떡하지?"

네이슨도 걱정이 되었다. 그는 벤에게서 눈을 떼지 않았다. 위험한 징후가 보이면 즉시 물에 뛰어들 준비가 되어 있었다.

벤은 처음에는 천천히 수영했다. 그리고 점점 빠르게 수영하면서 물을 헤치고 나갔다. 소년들은 그렇게 빨리 수영하는 것을 본 적이 없었다. 물갈퀴는 효과가 있었다! 의심의 여지가 없었다!

수백 명의 소년들은 소리를 지르고 환성을 지르며 휘파람을 불었다. 그들은 껑충껑충 뛰며 야단법석이었다.

물갈퀴가 소용없을 것이라고 말했던 소년들도 이제는 좋아서 소리를 지르며 난리였다.

얼마 가지 않아 벤이 반대편 기슭에 도달했다. 순식간에 소년들 수백 명이 그에게 몰려들었다. 물론 그들은 모두 한꺼번에 벤에게 질문을 했다.

"어때, 재밌어? 그 물갈퀴를 끼니까 정말로 더 빨리 수영을 할 수 있었어?"

"수영을 더 빨리할 수 있었어." 벤이 말했다. "하지만 재미는 없었어. 물갈퀴가 내 손목과 발목을 너무 아프게 했어. 그리고 너무 무거웠어."

벤은 물갈퀴를 끼고 다시 반대편으로 수영할 마음이 없었다. 그러나 소년들은 개의치 않았다. 벤은 그들에게 스타였다. 그는 물갈퀴를 만들었고, 그것은 효과가 있었다. 자기들 친구가 발명가가 된 것이다!

11
수영하는 연

 어느 날 벤 프랭클린이 새로운 실험을 한다는 소문이 들렸다. 다음 날 오후 학교가 끝나고 "큰 호수"에서 하기로 되어 있었다.

보스턴에 사는 소년들 중 절반이 그 "큰 호수"로 모여들었다. "벤이 뭘 하려는 거지? 또 무슨 발명을 했나?" 아무도 대답이 없었다. 아무도 몰랐기 때문이다.

소년들이 도착했을 때 벤은 기슭에 서 있었다. 네이슨 모스가 벤에게 나무 막대기를 주었다. 그 막대기에는 커

그는 등을 대고 누워서 둥둥 떠갔다.
그는 단 한 번도 팔다리를 움직이지 않았다.

다란 종이연이 묶여 있었다.

벤과 네이슨은 함께 그 연을 만들었다. 그것은 실험에 사용할 것이기 때문에 특별히 더 크고 더 튼튼하게 만들었다.

얼마 전에 벤은 물갈퀴 대신 연을 사용해야겠다고 생각했다. "연이 물체를 끌어당길 수 있을 거야." 벤이 네이슨에게 말했다. "물갈퀴보다 더 낫지 말란 법이 어딨어? 당장 실험을 해봐야지."

이제 이 수영하는 연을 시험하기 위한 모든 준비가 갖추어졌다.

"얘들아." 네이슨이 큰 목소리로 말했다. "이 연이 벤을 호수 반대편까지 끌어갈 거야. 벤은 수영을 전혀 하지 않을 거야."

"벤이 어느 방향으로 갈까?" 어린 소년이 물었다. 큰 소년들이 웃었다.

"벤!" 그 중 하나가 벤을 불렀다. "어느 방향으로 갈 거야?"

큰 소년들이 또다시 웃음을 터뜨렸고, 어린 소년들은

영문을 알 수 없었다.

"연이 벤을 다시 이곳으로 끌고 올까?" 또 다른 어린 소년이 물었다.

다시 큰 소년들이 웃었고, 그 중 하나가 벤을 불렀다. "벤, 다시 이곳으로 올 거니?"

큰 소년들은 재미있어하며 어린 소년들을 놀렸지만, 어린 소년들은 그 농담을 전혀 알아듣지 못했다.

어린 소년들은 벤은 연이 그를 끌고 가는 방향으로 갈 수밖에 없으며, 연이 가는 방향은 바람에 달려 있다는 것을 알지 못했다.

바로 그때 바람은 동쪽에서 불어왔으니 연은 서쪽 기슭을 향해서 갈 것이다. 물론 연은 벤을 다시 돌아오게 해줄 수 없었다. 갑자기 바람이 방향을 바꾸어 서쪽에서 동쪽으로 불기 전에는 말이다.

이제 벤은 연줄을 풀었다. 연은 공중을 향해 높이 올라갔고, 벤은 호수 위에서 움직이기 시작했다. 그는 등을 대고 누워서 둥둥 떠갔다. 그는 단 한 번도 팔다리를 움직이지 않았다.

모든 소년들이 그 사실에 동의했다. 왜냐하면, 직접 눈으로 봤기 때문이다.

"오로지 연이 벤을 끌고 가고 있어. 벤은 가만히 누워만 있고." 그들이 말했다.

소년들은 소리를 지르며 휘파람을 불고 껑충껑충 뛰었다. 그리고 모두 벤이 도착하려는 반대 방향의 기슭으로 달려갔다.

그가 기슭에 도착하기도 전에 소년들이 큰 소리로 물었다. "어땠어? 재밌었어?"

"재밌었어." 벤이 말했다. "너무나 재미있어서, 계속 웃음이 나오려고 했어."

"한 번 더 해 봐!" 소년들이 소리쳤다.

"바람이 계속 불면 한 번 더 해볼게." 벤이 말했다.

그는 호수를 돌아서 걷기 시작했다. 소년들이 따라가며 질문을 했다.

"왜 연을 더 높이 올라가게 하지 않은 거야?" 그 중 하나가 물었다.

"더 빨리 가려고." 벤이 대답했다. "그래서 실을 감아서 연을 조금 더 내려오게 했어. 그러자 금세 속도가 빨라졌어. 연은 더 힘세게, 더 빨리 끌었어."

"네가 너무 빨리 간다고 생각했어." 다른 소년이 말했다.

"나도 그랬어." 벤이 말했다. "그래서 내가 연실을 더 풀었어. 너도 봤지?"

"그래. 연이 더 높이 올라가는 걸 봤어." 그 소년이 말했다. "그랬더니 더 천천히 갔어?"

"응. 훨씬 더 천천히 갔어." 벤이 말했다.

"그러다가 만일 바람이 너무 세게 불면 어떻게 할 거야?" 세 번째 소년이 물었다.

"그러면 바로 얼레를 손에서 놔야지." 벤이 말했다.

이제 소년들은 출발지점까지 왔다. 그러나 바람이 멎어버렸다. 연은 쓸모가 없어졌다.

그날 밤 보스턴에서는 집집마다 소년들이 벤 프랭클린의 "수영하는 연"에 대해서 이야기했다.

12
돛배

1. 보트 만들기

물, 물, 물! 짠물, 단물! 시내, 강, 바다, 그 너머에 있는 광활한 대양! 1716년의 보스턴 지역은 바로 그런 곳이었다. 그러다 보니 보스턴 소년들이 수영할 줄 알고, 배를 저으며, 낚시할 줄 아는 것은 당연했다. 대부분 돛배도 조종할 줄 알았다. 여름이면 대체로 물에서 살았다.

부유한 아버지의 아들이라면 자기 소유 돛배가 있었

여름 내내 두 소년은 그것을 타고

다. 만일 아버지가 가난하면 아들은 어떤 방법으로든지 물에 뜨는 것을 직접 만들었다.

  벤과 네이슨은 보트를 만들었다. 아니 원래 있던 것을 가지고 거의 새로 만들었다. 그들은 한 어부에게서 낡고 물이 새는 보트를 샀다. 그물을 고쳐주고 그 삯으로 배를 받은 것이다. 그들은 또 다른 어부의 그물을 고쳐주고 낡은 돛 두 개를 받았다.

  곧 그들은 수리 작업에 들어갔다. 꽤 오래 걸렸다. 벤

만과 강과 시내를 돌아다녔다.

이 여간해서 만족할 줄 몰랐기 때문이다. 네이슨은 몇 번이고 그 보트가 완성되었다고 생각했으나, 그럴 때마다 벤은 더 개선시킬 수 있는 점을 발견했다.

이렇듯 벤은 철저한 소년이었다. 그는 모든 일을 적당히가 아니라 빈틈없이 완벽하게 하려고 했다.

마침내 벤은 그 보트를 띄울 준비가 되었다고 말했다. 그러나 아버지가 검사할 때까지는 물에 띄우지 않았다. 프랭클린 씨는 그 작은 보트를 면밀하게 검사했다. 나무가 서로 맞물리는 곳, 돛, 돛대, 밧줄, 키를 모두 시험해 보았다.

두 소년은 조마조마하게 기다렸다. 프랭클린 씨가 뭐라고 말할까?

마침내 그가 소년들에게 말했다. "애들아, 훌륭한 작업이다. 이 보트를 물에 띄워도 되겠어!"

"와, 신 난다!" 벤이 말했다.

"나도 신 난다!" 네이슨이 말했다.

"그 보트를 글래드라고 부르지 그러니?" 프랭클린 씨가 말했다.

그 보트를 글래드라고 불렀다. 그해 여름 내내 두 소년은 그것을 타고 만과 강과 샛강을 돌아다녔다. 부모들은 큰 바다로 나가면 안 된다고 말했다.

벤은 돛배에 관해서 배울 것이 끝이 없는 것 같았다.

그중에서도 바람을 잘 이용해서 방향을 바꾸는 방법을 알아야 했다. 그것을 "태킹"이라고 한다.

그는 바람을 정면으로 맞으며 바람과 반대방향으로 가면서 태킹하는 법을 배워야 했다.

네이슨은 태킹이 겁이 나서 키를 담당했다.

벤은 이제 왜 선원들이 항상 바람에 대해서 이야기하는지 깨닫기 시작했다. 훌륭한 선원은 반드시 일 년 열두 달 바람이 어느 방향에서 불어오는지 알아야 한다. 언제 돌풍이 오는지도 알아야 한다. 돌풍은 아주 빠르고 예고 없이 닥치기 때문이다. 선원은 어떤 상황에서도 돛을 다루는 법을 알아야 한다.

돛배에서 해야 하는 모든 일에는 다 그럴만한 이유가 있었고, 벤은 그 이유를 찾아 나섰다. 그는 강풍, 돌풍, 태풍에 관한 책을 읽었다. 그는 선원과 선장을 만나서 듣고 그들에게 돛을 다루는 법을 보여달라고 부탁했다.

그 중 한 명은 로버트 홈즈 선장이었다. 그는 벤의 누나와 결혼했기 때문에 그에게 매형이었다.

"프랭클린 씨" 어느 날 홈즈 선장이 말했다. "벤은 이제 선원들만큼 배에 대해서 잘 알고 있어요."

선원들은 벤을 "스키퍼"라고 부르기 시작했다. 선원들이 배의 선장을 부르는 말이었다.

그들은 "굿모닝, 스키퍼!" 혹은 "아이, 아이, 스키퍼!"

라고 말하곤 했다. 벤은 좋아서 어쩔 줄 몰랐다.

2. 보트 구조

어느 토요일 조나단 벨이 벤과 네이슨에게 그의 새 보트 화이트 릴리를 타고 항해하자고 부탁했다. 그것은 참 근사한 배였다. 하얀색 돛을 펴면 마치 파란 바다 위에 요정이 날아다니는 것 같았다.

조나단은 두 소년에게 키를 잡도록 부탁했지만, 돛은 허락하지 않았다. 소년들이 돛을 조종하고 싶어하는 것을 알았지만 그는 이기적이었다. 그는 부유한 사업가의 아들이었고, 항상 자기가 원하는 대로만 했다.

벤은 조나단이 돛을 제대로 조종하지 못하는 것을 금방 알았다. 그는 바람의 방향에 맞게 돛의 방향을 움직이지 못했다.

네이슨도 그것을 알아차리고, 벤에게 속삭거렸다. "바람이 잔잔하니 천만다행이야."

벤이 고개를 끄덕이며 네이슨에게 속삭였다. "우리가 수영할 줄 아니 천만다행이야."

이제 벤은 남동쪽에 시커먼 구름을 보았다. 그 구름은 급속하게 커졌고, 벤은 즉시 그 징조를 알아차렸다.

"조나단!" 그가 소리쳤다. "돌풍이 오고 있어! 저 구름을 봐! 우리는 당장 돌아가야 돼!"

"바람이 불어온다!" 네이슨이 소리쳤다.

조나단은 구름을 보고 보트를 돌리려고 애썼으나, 그렇게 할 수가 없었다. 바람은 점점 강하게 불었다. 돛은 가득 부풀었고, 배는 물을 가르고 고속으로 달렸다. 육지와 반대방향으로!

이제 배의 한 쪽이 기울면서 물에 닿았다. 네이슨과 벤은 보트에서 물을 퍼내야 했다.

벤은 자신들이 매우 위험에 처했다는 것을 알았다. 보트는 가라앉으려고 하는데, 육지까지는 상당히 멀었다. 벤은 육지까지 수영해서 갈 수 있었지만, 다른 두 소년은 그렇지 못했다. 그들은 그럴만한 힘이 없었다.

"조나단, 내가 돛을 조종할게." 벤이 말했다. "넌 너무 지쳤어."

"안 돼." 조나단이 말했다. "나는 이 배를 어떻게 조종

조나단은 꼼짝달싹할 수 없게 되었다.

하는지 알아."

"그러면 태킹을 해야지." 벤이 말했다. "우리를 다시 육지로 데려다 줘."

"벤에게 태킹하게 해 줘." 네이슨이 말했다.

"너희들, 나한테 이래라저래라 하지 마." 조나단이 말했다. "나도 안다구."

구름은 점점 더 시커멓게 변했다. 바람은 점점 더 강하게 불었다. 보트는 점점 더 빠르게 달렸다. 그것은 사나운 대양을 향해서 가고 있었다.

그 즉시 벤은 어떻게 해야 할지 알았다. 고집불통 조나단에게 말을 해봐야 소용이 없었다. 그렇다고 모두 물에 빠져 죽을 필요도 없었다. 그가 네이슨에게 귓속말을 하자, 네이슨이 고개를 끄덕였다.

벤은 재빨리 조나단에게 갔다. 그리고 프랭클린 집안의 단단하고 힘센 주먹으로 그를 때려눕혔다.

그는 갑판 위에 쓰러졌다. 그가 일어나기 전에 벤이 그의 발을 밧줄로 묶었다. 네이슨은 그의 손을 묶었다. 조나단은 꼼짝달싹할 수 없게 되었다.

물론 그는 소리를 치며 자기 아버지가 그들에게 얼마나 무서운 벌을 내릴 것인지 떠들어댔다. 그러나 두 소년은 들은 척도 하지 않았다. 조나단의 고함소리보다 바람 소리가 더 크게 울렸다.

벤은 보트가 가라앉지 않게 하려고 온 힘을 다했다. 그는 태킹하며 바람을 정면으로 맞고 들어갔다.

그는 선원들이 이 방법에 대해 말하는 것을 들었지만, 실제로 그렇게 하려니 용기가 필요했다. 그것은 마치 군인이 적군의 총알을 향해서 나가는 것 같았다.

하지만 아무리 애를 써도 보트를 육지 방향으로 가게 할 수가 없는 것 같았다. 조나단은 벤이 절대로 못할 거라고 확신했다. 그리고 너무 무서워서 울음을 터트렸다.

네이슨도 무서웠지만, 그는 벤이 어찌어찌해서 그들을 구조할 거라고 생각했다.

그리고 벤은 그들을 구조했다. 하지만 그것은 어찌어찌해서 된 것이 아니었다! 어떻게 해야 하는지를 그가 이미 알고 있었기 때문이다. 마침내 그들은 부두에 도착했다. 가슴을 졸이며 기다리고 있던 세 명의 아버지들이 달려와서 소년들을 도와주었다.

　몇 명의 선원들도 달려와서 도와주었다. "정말 훌륭한 조종이었어." 그 중 하나가 벤에게 말했다.

　"아이, 아이!" 다른 선원들이 소리쳤다.

　그들은 벤을 둘러쌌다. 벤과 악수하며 그의 등을 두드렸다.

　프랭클린 씨가 무리 사이를 뚫고 벤에게 왔다. "하나님, 감사합니다! 네가 안전하다니!" 그가 소리쳤다. "돌풍이 오자마자 우리는 너희를 지켜봤다. 우리는 너희가 혹시……"

　"아빠, 잠깐만요. 조나단을 풀어줘야 해요." 벤이 설명했다.

　그러나 누군가 이미 조나단을 풀어주었다. 그는 자기 아버지에게 사실대로 말했다. 그리고 이렇게 덧붙였다. "벤이 저를 때려눕혀서 다행이에요."

　"나도 동감이다." 벨 씨가 동의했다. "이제부터는 네가 보트 타다가 문제가 생기면 벤이 조종하게 해라."

　"네이슨, 글래드를 탈 때는 항상 벤이 스키퍼가 돼야

한다." 모스 씨가 말했다. "문제가 있거나 없거나 벤이 선장이야."

벤은 이제 날씨에 상관없이 항상 화이트 릴리의 선장이 되었다.

"네가 어떻게 돛을 조종하는지 가르쳐 줘." 조나단이 말했다. "태킹하는 법과, 항해에 대해 모두 가르쳐 줘."

벤은 기분이 좋았다. 조나단이 그에게 "아이, 아이, 스키퍼"라고 부르는 것이 듣기 좋았다.

네이슨은 벤과 함께 글래드호를 탈 때면, 항상 벤을 스키퍼라고 부르는 것을 잊지 않았다.

누가 그렇게 부르든 벤은 기분이 좋았다. 그는 마음을 먹었다. 진짜 스키퍼가 되기로 했다. 그는 커다란 배를 소유하고, 대양을 가로질러 항해를 할 것이다. 그리고 온 세상을 구경할 것이다.

"답답하고 냄새나는 방에 틀어박혀서 양초와 비누를 만들지는 않을 테야." 하지만 아무에게도 말하지 않았다. 그것은 비밀이었다.

13
친절한 벤

 화가 난 사우어페이스 부인이 유니온 스트리트를 걸어오고 있었다. 그 길은 좁고 구부러진 길이었고, 그녀는 파란공이 달린 집을 지나쳐 버릴까 봐 조심해서 걸었다. 그녀는 기다란 목을 빼서 이리저리 둘러보았다. 그녀는 목을 빼면 뺄수록 점점 더 화가 났다.

"만일 파란공이 금방 눈에 뜨이지 않으면 경찰을 불러야겠어." 그녀가 생각했다. "바로 그거야. 그 집이 금방 나타날 때가 됐는데……."

"아!" 마침내 그 집이 나타났다. 코코넛 열매만한 파란색 공이 작은 집 문에 매달려 흔들거리고 있었다.

조시아 프랭클린의 이름이 공 위에 쓰여있었다. 그의 양초-비누 가게였다.

사우어페이스 부인은 마치 보스턴의 사나운 돌풍처럼 가게로 들어갔다.

"존!" 그녀가 찢어지는 목소리로 말했다. "존!"

존 프랭클린은 대답도 없었고, 가게 뒤쪽의 작업실에서 나오지도 않았다.

그 대신 훨씬 더 어린, 열한 살쯤 되어 보이는 귀엽고 동그란 얼굴의 소년이 나왔다. 그는 높은 흰 모자를 쓰고 가죽 앞치마를 두르고 있었다.

"안녕하세요." 그가 미소를 지으며 인사했다.

"흥!" 그녀가 말했다. "벤 프랭클린, 넌 여기서 뭘 하는 거냐? 왜 학교에 안 갔지?"

"저는 새로 들어온 수습공이에요. 아빠한테서 기술을 배우고 있어요."

"보나 마나 학교에서 쫓겨났겠지? 네가 선생님 말을

듣기나 하겠니? 아니면 게을러서 공부를 안 했던지. 분명 뭔가 못된 짓을 했을 테지."

"아주머니, 그런 게 아니고 아버지께서 제가 필요하다고 선생님께 부탁했어요. 존이 떠난 거 아시잖아요."

"뭐라고? 존이 떠났다고? 어디로 간 거냐?" 사우어페이스 부인이 물었다.

"자기 가게를 시작하러 갔어요." 벤이 말했다. "로드 아일랜드에 가서 양초-비누 가게를 시작했어요."

"그래? 그는 나를 속였어. 그래, 날 속였다구! 이 비누 좀 봐라. 지난주에 존에게서 산 거야. 나는 오늘 아침에서야 가방을 열어봤는데, 한쪽 모퉁이가 이렇게 떨어져 나가 있었어."

벤은 심각한 얼굴로 비누를 보았다.

"혹시 그날 가방 안에 무거운 물건이 들어 있지 않았나요?" 그가 물었다.

"글쎄, 가방 안에 쇠로 만든 촛대가 있었지. 하지만 그것 때문에 비누가 부러진 건 아닌 게 틀림없어. 핑계를 대려고 해봐야 소용없다. 내가 가방을 털어서 보여주

사우어페이스 부인은 가방을 뒤집어 흔들었다.
그러자 비누 조각이 떨어졌다!

지. 가방 속에 비누조각이라고는 없다고. 보나마나야."

사우어페이스 부인은 가방을 뒤집어 흔들었다. 그러자 비누 조각이 떨어졌다!

"어머나, 이럴 수가!" 그녀가 말했다. 그녀의 얼굴은 빨갛게 변했다. "내가 여기 오기 전에 가방을 뒤졌는데. 아무 것도 안 보였어."

"구석에 박혀 있어서 그랬을 거예요." 벤이 말했다. "하지만 아주머니께 불편을 끼쳐드렸으니까 제가 비누를 한 개 드릴게요."

"비누를 주겠다고? 어머나, 넌 정말 친절하구나." 그리고 그녀가 진짜로 미소를 보였다!

"여기 있어요." 벤이 말했다. "아빠도 아주머니가 오셔서 사실을 확인하셔서 다행이라고 생각하실 거예요."

"앞으로는 항상 이 가게에 올게. 네가 여기서 일하는 한 말이다."

그녀는 가게를 떠나려다 다시 돌아섰다.

"벤." 그녀가 말했다. "학교를 떠났다니 정말 안됐구나. 네가 아주 영특한 소년이라고 모두들 칭찬을 하던데. 네가 학교에서 쫓겨난 게 아니란 걸 나도 알아. 그냥 그렇게 말한 것뿐이야."

"저도 알아요." 벤이 말했다. 그는 사우어페이스 부인에게 미소를 지었고, 사우어페이스 부인도 벤에게 미소를 지었다.

돌풍은 지나갔고 다시 해가 나왔다.

"네 부모님이 너를 학교에서 데리고 나와야 했을 때 몹시 슬퍼하셨을 거야. 하지만 너는 기술을 배울 거다. 그것도 중요해!"

"아빠는 제가 이 기술을 배우면 잘 먹고 살 수 있다고 하셨어요."

"그럼, 그래야지! 이런 마을에서 양초-비누 가게는 아주 좋은 사업이야. 여기는 겨울이 길고, 겨울에는 일찍감치 어두워지니까."

"그러니까 일찍 촛불을 켜야죠." 벤이 웃으며 덧붙였다.

사우어페이스 부인이 고개를 끄덕였다. 그리고 계속 말을 이었다. "겨울에는 해가 늦게 떠. 겨울에는 아침이 되어도 제법 어둡지."

"그러니까 아침 일찍 촛불을 켜야죠. 그러면 양초 가게도 잘 되고요."

"사람들은 틀림없이 양초를 사느라 바쁠 거야." 사우어페이스 부인이 말했다. "게다가 비누는 일 년 내내 필요하니까."

"그래서 저희가 비누를 만들죠. 커다란 비누, 모퉁이

가 떨어져 나가지 않은 비누 말이에요."

사우어페이스 부인이 웃었다. "넌 잘할 거다. 넌 아주 영리해. 난 영리한 아이들을 좋아한단다." 그리고 그녀는 인사를 하고 떠났다.

"좋은 아주머니야." 벤이 생각했다. "이름이 너무 잘못됐어. 알고 보면 고약한 아주머니가 아닌데 말이야."

그리하여 한동안 파란공이 달린 가게의 새 수습공에게는 모든 일이 잘 돌아갔다.

손님들은 그를 좋아했다. 아버지는 그의 작업에 매우 만족했다. 어머니도 기뻤다.

'이제 벤은 집을 나가지 않을 거야.' 어머니가 생각했다. '넓은 세상을 보겠다는 생각은 잊어버리겠지.'

14
벤의 고민

"아비야." 프랭클린네 어린아이들이 모두 잠자리에 든 어느 날 밤 프랭클린 씨가 아내에게 말했다. "벤에 대해서 할 얘기가 있어요."

프랭클린 부인은 뜨개질 하던 것을 내려놓았다. "무슨 일이 잘못됐어요?" 그녀가 물었다. "일을 열심히 하고 있잖아요. 안 그래요?"

"아, 일은 아주 잘해요. 문제는 벤이 그 일을 매우 싫어한다는 거예요."

"저런, 안 됐군요."

"벤은 언젠가부터 가게에서 일하는 것을 매우 불만스럽게 생각해왔어요. 내가 눈치를 챘지요. 하지만 나는 네이슨이 이사를 가서 벤이 울적한 줄 알았어요. 그런데 내가 착각했던 거예요. 오늘 아침 벤이 나한테 양초 기술이나 비누 기술이 재미가 없다고 말했어요. 기름 냄새만 맡아도 기분이 안 좋다고 말했어요."

"벤이 떠나고 싶다고 말하던가요?" 프랭클린 부인이 재빨리 물었다.

"요즘 수습공들은 그렇지 않아요. 그들은 아무 말 않고 한밤중에 사라져버리지요."

"맞아요." 아비야가 슬프게 말했다.

"올해만도 보스턴에서 수습공 열다섯 명이 도망쳤어요." 프랭클린 씨가 계속이었다.

"어머나, 그렇게 많이요?" 프랭클린 부인이 놀라서 말했다.

"그래요. 그들이 어디로 갔는지 아무도 몰라요. 바다로 갔는지, 숲 속으로 갔는지. 아버지들과 주인들이 사냥꾼 수십 명과 선장들에게 계속해서 물어봤지요."

"벤에게 그 얘기를 해주시지 그러세요?"

"말해 줬지요. 하지만 소 귀에 경읽기예요. 벤은 만일 자기가 달아나면 어떻게 해야 하는지 다 알고 있다고 말했어요. 그게 문제예요, 아비야. 그 나이의 소년들은 무엇이든 못할 게 없다고 생각하지요."

"그들은 자기들이 부모보다 더 잘 안다고 생각하죠. 조시아도 열두 살 때 그렇게 생각했어요. 선원이 되어 먼 나라로 항해하는 걸 아주 멋있다고 생각했죠. 당신 말을 들으려고도 하지 않았어요."

"어떤 선장들은 소년들이 일을 못한다고 채찍으로 때리기도 하고, 멀리 다른 나라로 가서 노예로 팔기도 한다고 일러줬어요. 그래도 여전히 그 애는 내 말을 안 들었어요."

"벤은 조시아와 너무 비슷해요."

"벤이 기술에 흥미를 느꼈으면 좋겠어요. 오늘 오후에 벤을 데리고 여기저기 다른 가게를 둘러봤어요. 통장이 집, 목공소, 모자가게, 옷감짜는 가게, 그리고 연장 만드는 가게를 말이에요."

"그 중 한 개도 관심이 없대요?"

"전부 관심이 있었어요. 그는 일하는 사람들에게 수도 없이 질문했지요. 벤은 그런 아이예요. 그는 모든 것을 다 알고 싶어하지만, 한 가지 직업에 묶여있고 싶어하지를 않아요. 돌아오는 길에 그렇게 말을 했어요."

"묶여있고 싶어하지 않는다고요? 그게 무슨 뜻이죠? 기술을 배워야 먹고 산다는 걸 잘 알 텐데요." 프랭클린 부인은 염려가 되었다.

"그는 먼저 이 세상을 보고 싶다고 했어요."

"바다로 간단 말인가요?" 그녀가 물었다.

"그것 말고 또 뭐가 있겠어요? 가난한 소년이 여행하려면 그 도리밖에는 없지요."

"하지만 우리가 그걸 허락하지 않는다는 걸 잘 알 텐데요!"

"떠나려고 마음먹으면 우리 허락을 구하지도 않을 거예요." 프랭클린 씨가 슬프게 말했다.

"아들을 또 잃어버린다고 생각하면 견딜 수가 없어

요." 아비야가 말했다. 그녀의 목소리는 떨렸고, 눈에는 눈물이 가득 고였다.

"벤이 이곳에 남도록 다른 방법을 찾아볼게요. 아직 두세 달 남았어요. 지금은 날씨가 너무 추워서 도망갈 수가 없거든요."

"인디언 마을로 갈 수도 없죠. 숲 속에는 눈이 너무 깊이 쌓여있고, 바람은 매섭게 추우니까요. 괜히 숲으로 들어갔다가는 얼어 죽을 거예요."

"선원인 척하며 배에서 숨어있을 수도 없지요. 지금은 바다에서 폭풍이 거센 계절이니 뱃멀미하는 소년을 어느 선장이 태워주겠어요? 적어도 한동안은 도망가지 못할 거예요."

"벤이 이 모든 것을 고려하고 있는지 모르겠어요."

"이런 것들을 하나하나 벤에게 설명을 해줘야겠어요." 프랭클린 씨가 아내에게 약속했다.

15
벤의 판단

1. 비밀 집회

봄이 왔다 가고, 여름이 되었다. 벤 프랭클린은 여전히 집에 있었다. 그는 아버지 가게에서 일하느라 몹시 바빴다.
형 피터는 존을 도우러 로드아일랜드에 있는 가게로 갔다. 이제 토마스와 벤이 해야 할 일이 더 많아졌다.
아무리 바빠도 벤은 친구들을 만들었다. 그는 이번 여름 수습공을 몇 명 사귀었고, 그들을 좋아했다. 매일 저녁마다 큰 보스턴 공원에서 그들과 만났다. 토마스도 거기서 친구들을 만났기 때문에 두 형제는 늘 함께 집을 나갔다.

아버지는 그들이 나가는 것을 반대하지 않았다. "하루 종일 답답한 방에 갇혀서 양초와 비누 냄새를 맡았으니, 공원에 가서 신선한 공기도 쐬어야지."라고 말했다.

"저녁 식사를 일찍 하자꾸나." 어머니도 이렇게 말했다. "그러면 너희들이 친구들을 만날 시간이 더 많을 테니까."

"하지만 절대로 늦게까지 놀아서는 안 된다." 프랭클린 씨가 엄하게 말했다. "밤이면 그 공원에서 위험한 일들이 일어난다. 여러 사람들이 강도질 당하고 두들겨 맞았어. 너희는 반드시 여덟 시 정각이면 집에 돌아와 있어야 한다. 절대로 늦으면 안 돼."

프랭클린 씨는 토마스에게 그의 시계를 빌려주었다. 정확하게 일곱 시 반이 되면 토마스는 친구들과 헤어졌다. 그는 벤이 공원의 연장가게 근처에서 수습공들을 만난다는 것을 알았다. 토마스가 그곳에 가면 휘파람을 불었고, 벤이 즉시 나타났다.

그들은 항상 여덟 시까지 집에 돌아왔다. 그러나 그날 밤은 달랐다. 토마스와 벤 둘 다 자신들이 언제 공원을 떠나게 될지 몰랐다. 둘은 함께 공원으로 간 뒤 각각 그들의 친구들에게 갔다.

그날은 달빛이 환한 밤이었다. 벤의 친구들이 늘 앉아 있던 벤치가 선명하게 보였다. 보통 때는 대여섯 명의 소년들이 앉아 있었으나, 그날 밤에는 아무도 없었다.

그때 한 소년이 와서 벤을 맞았다. "벤, 널 기다리고 있었어." 그가 말했다. "마이크가 널 데리고 자기 집으로 오라고 했어. 모두 거기서 만나기로 했어. 주인이 외출 중이라 안 계셔."

"사이먼, 난 갈 수가 없어. 여기 다시 와서 형을 만나야 하는데, 거기 가면 제시간에 못 돌아올 거야."

"일찍 나오면 되잖아. 아이들이 너를 기다리고 있어. 네 조언을 듣고 싶어해." 사이먼이 벤을 졸랐다.

"무슨 일인데? 달아나려고? 나도 같이 가자는 거야?"

"그건 모르겠어." 사이먼이 말했다.

"난 달아나지 않을 거야. 가서 친구들한테 그렇게 말해 줘. 난 집에 가야겠어."

"하지만 마이크는 네가 꼭 와야 된다고 했어. 네가 많은 것을 알기 때문에. 그리고 이 일은 매우 중요하다고 했어. 내가 보기에도 그런 것 같아. 왜냐하면 무슨 대단한 계획을 하는 것 같아."

"그렇다면 가지, 뭐." 그러나 어두운 집에 도착하자 벤은 후회를 했다. 그곳에는 불빛이라고는 안보였다.

"흐음!" 벤이 말했다. "저기 들어가고 싶지 않아."

"마이크가 부엌에 있겠다고 말했어."

벤과 사이먼은 뒷문으로 갔다. 그곳도 역시 캄캄했다. 그러나 사이먼은 조용히 세 번 문을 두드렸다.

키가 큰 열네 살짜리 소년이 문을 열었다. "쉬--!" 그가 속삭였다. "들어 와." 그리고 그는 즉시, 그러나 살그머니 문을 닫았다.

"무슨 일이야, 마이크?" 벤이 조용히 물었다. "주인이 돌아오셨어?"

"아니. 천만다행히도! 하지만 그가 아마도 경찰에 신

고해서 이 집을 감시하라고 한 것 같아." 마이크가 두려운 내색을 하며 말했다.

"아직 아무도 못 봤어." 사이먼이 말했다. "주인이 돌아와서 우리가 이곳에 있는 걸 알면 화를 내실 텐데." 한 소년이 말했다.

"그러면 나는 일주일 동안 매일 매를 맞을 거야." 마이크가 대답했다. "하지만 그럴 염려는 없어. 나는 떠나고 없을 테니까. 얘들아, 우리 모두 떠나자." 그가 마루에 앉아있는 다섯 명의 소년들에게 말했다.

벤은 그들이 모두 고개를 끄덕거리는 모습을 보았다. 그리고 사이먼과 함께 그들 옆에 앉았다.

소년들은 모두 열두 살에서 열세 살 사이였다. 그들은 모두 비쩍 말라서 어깨뼈가 셔츠를 뚫고 나올 것처럼 보였다. 그들의 지도자 마이크는 마치 고된 노동으로 주름살이 진 노인처럼 보였다.

벤은 그들을 도와줄 수 있기를 바랬다. '이 소년들은 모두 반쯤 굶어 죽은 것 같아.' 그가 생각했다. '게다가 죽도록 노동을 해야 하니.'

마이크가 식탁 옆에 섰다. "이제 집회를 시작한다." 그가 말했다. "모두 일찍 돌아가야 하니까."

"만일 그렇지 않으면 흠씬 매를 맞을 거야." 한 소년이 말했다.

"그리고 내일은 밥 한술도 못 얻어먹지." 다른 소년이 재빨리 덧붙였다.

바로 그때 부엌에 붙어있는 복도에서 무슨 소리가 들렸다. 큰 소리는 아니었지만 모두 다 그 소리를 들었다. 모두 다 공포에 사로잡혔다.

어떤 소년들은 그들의 주인들이 잡으러 왔다고 말했다. 마이크는 주인이 진짜 외출한 게 아니었다고 생각했다. 벤은 경찰이 왔다고 생각했다.

2. 벤의 조언

잠시 동안 그 방에서는 바늘 떨어지는 소리까지 들릴 정도로 고요했다. 그러나 주인이라고는 한 명도 나타나지 않았다. 경찰도 오지 않았다.

"집이 낡아서 삐걱거렸나봐." 마이크가 말했다.

"내가 살금살금 내려가려고 하면 꼭 계단이 저렇게 삐걱거린다니까."

소년들이 웃었다. 모두 다 벤의 농담이 무슨 뜻인지 알았다. "주인이 들으면 안 될 테니까."

아이들이 또 웃었다. 모두들. 벤과 마이크만 빼고는 그날 저녁 모두 주인 몰래 삐걱거리는 계단을 내려왔던 것이다. 그들은 저녁 식사 후 외출이 금지되어 있었다. 하지만 만의 하나 주인에게 발각되는 날이면!

그때 마이크가 벤에게 식탁으로 오라고 말했다. "네 의견을 듣고 싶어." 그가 말했다.

벤이 앞으로 갔다. "무슨 일인데?" 벤이 물었다.

"우리는 달아나기로 했어. 더 이상은 못 참겠어. 새벽부터 밤중까지 일해도 멀건 국에 쬐끄만 빵 한 조각밖에 없으니." 마이크가 설명했다.

"어떻게 달아나려고 그래?" 벤이 말했다. "달아나는 것은 좋아. 하지만 인디언들에게는 가면 안 돼. 브라운 비버가 아버지에게 그러는데, 추장은 도망친 소년들을 원하지 않는데. 그들을 받아주면 백인들과 문제가 빚어

지거든."

"우리를 받아 줄 인디언은 없어. 우리는 다른 나라로 갈 거야. 선장이 우리를 데려가 주겠다고 했어."

"어떻게 알아?" 벤이 물었다.

"오늘 아침에 내가 주인과 함께 부두에 갔었어. 그는 뉴욕으로 가고. 나는 그의 짐을 배에 실었지.

"내가 돌아오려고 하자 선원 한 사람이 갑판에서 나를 붙잡았어. 그는 다른 사람이 못 보게 나를 한쪽 구석으로 데리고 갔어. 그는 그 배의 선장이 수습공들을 불쌍하게 여기고 도와주고 싶어한다고 말했어. 그는 달아나고 싶어하는 수습공이 있느냐고 물었어."

"그에게 우리 얘기를 했어?" 사이먼이 흥분하며 다급히 물었다.

"그럼. 그리고 내가 너희들에게 그 말을 전해주겠다고 말했어. 그는 오늘 밤에 너희들을 데리고 그 배로 오라고 했어. 그는 새벽에 배가 떠날 때까지 선장이 우리를 숨겨줄 거라고 말했어."

"그래서?" 벤이 물었다.

"그리고 그가 우리를 다른 나라로 데려갈 거야."

"도망친 사람들을 도와주는 것은 법에 어긋나. 그 선장은 감옥에 갈 수도 있어."

"벤, 선원이 그 얘기도 했어. 하지만 선장은 매우 마음이 착해서 기꺼이 위험을 감수하는 사람이라고 했어."

"뭔가 수상쩍게 들려." 벤이 단호하게 말했다.

"아니, 아니! 내가 보기에는 그가 분명 진실을 말한 거야. 그는 우리가 먹고 싶은 만큼 음식을 먹을 수 있고 원하지 않으면 일을 안 해도 될 거라고 말했어."

"음식이라고!" 한 소년이 소리쳤다. "그럼 가자!"

"그래 가자! 가!" 다른 소년들이 소리치며 벌떡 일어났다.

"제자리에 앉아!" 마이크가 명령했다. "아직 벤의 말을 안 들었잖아."

"더 자세한 사실을 알기 전에는 아무런 조언도 해줄 수 없겠어. 마이크, 먼저 그 배는 어디로 가는 배지?"

"선원이 그러는데 외국으로 간대."

"그건 벌써 나쁜 징조야. 또 한 가지 알고 싶은 것은,

그 선원이 배 이름이 뭔지 알려줬어?"

"아니. 내가 물었더니, 그는 우리를 다 태워주겠다고 했어. 그는 갑판에서 우리를 기다리겠대. 그리고 내가 모두 데리고 오겠다고 하고 그곳을 떠났어."

"배 이름이 뭔지도 모르고 왔단 말이야?"

"벤, 나도 그런 생각을 했어. 그래서 다시 돌아갔지. 그리고 화물 뒤에 숨어서 그 선원을 감시했어. 그가 배로 가려고 할 때 내가 뒤따라 갔어. 그가 배에 오르는 걸 봤어. 그 배의 이름은 메리앤이었어."

"좋아! 이제 우리가 해야 할 일이 있어. 내가 우리 매형에게 가서 그 배와 선장에 대해서 물어볼게. 내가 전에 말했잖아. 홈즈 선장 말이야."

"그래, 기억나." 마이크가 말했다. "하지만 벤, 우리 얘기는 하면 안 돼. 그 선원은 우리가 아무한테도 말하면 안 된다고 했어."

"그가 무슨 말을 했건 무슨 상관이야. 그는 왜 너희를 어디로 데려가는지 안 가르쳐 주는 거지?"

"아마 잊어버렸나 봐."

"잊어버린 건 아무것도 없어! 그는 너한테 거짓말을 한 거야, 마이크. 만일 그가 정직하다면, 그는 제일 먼저 그걸 말했을 거야. 너희를 데리고 간 뒤에 가장 먼저 뭘 할 건지 그가 말해줬어?"

"아니."

"마이크, 가지 마! 얘들아, 가지 마! 나는 내가 어디로 가는지, 그리고 무엇을 할지 알기 전에는 달아나지 않겠어."

"하지만 도망갈 수 있는 절호의 기회잖아." 마이크가 말했다. "다시는 그런 기회가 안 올지도 몰라."

"그건 마치 뜨거운 프라이팬에서 불 속으로 뛰어드는 격이야. 네 주인이 고약하다는 건 알지만, 다른 주인들은 더 나쁠 수도 있어."

그 소년들은 어떻게 생각해야 할지 알 수가 없었다. 마이크 자신도 혼란스러웠다. 그들은 벤만 쳐다보았다.

그때 복도에서 문소리가 났다. 그리고 문의 손잡이가 돌아갔다. 여덟 명의 소년은 공포에 질렸다. 드디어 문이 열렸다.

두 젊은 남자가 방으로 들어왔다. 그들은 보스턴 경찰 제복을 입고 있었다. 그들은 무서워하는 소년들에게 친절하게 말했다.

"우리는 오늘 밤 이 집을 감시하려고 왔다." 한 사람이 설명했다. "마이크 이외에 다른 사람이 집에 들어가는 것을 보면 이 집을 수색하려고 했다. 우리는 너희의 비밀을 들었다. 문간에서 말이야."

"그리고 메리앤호를 타고 가서는 안 된다." 다른 경찰이 말했다. "너희 모두 경찰서로 가자. 그러나 너희를 벌주려는 것은 아니야." 그가 즉시 덧붙였다. "너희는 잘못한 게 아무것도 없다. 도망가려는 얘기를 한 것뿐이지."

"저도 가야 하나요?" 벤이 물었다. "저는 집에 가야 해요. 저는 도망가려고 하지 않았어요."

"네 이름이 뭐니?" 경찰이 물었다.

"벤 프랭클린이에요." 벤이 즉시 대답했다.

"아, 네가 현명한 조언을 들려준 소년이로구나. 미안하지만 너도 우리와 함께 가야겠다, 벤. 우리는 모든 사람들을 다 데려오라고 지시를 받았어. 애들아, 모자를 쓰고 따라오너라."

여덟 명의 소년들이 경찰서를 향해 갔다. 그들이 복도에서 기다리는 동안 세 번째 경찰이 그들을 감시했다. 다른 두 명의 경찰은 경찰서장의 사무실로 들어갔다.

한참 후에 그들이 사무실에서 나왔다. 두 사람 다 흡족한 표정이었다.

"너희들 곧 돌려보내 줄게." 한 사람이 말했다. "서장께서 마이크에게 내용을 듣고 싶어할지도 모른다. 그러나 우리가 모두 말씀을 드렸다. 그는 배의 이름을 알게 되어 매우 기뻐하셨다."

"사실이야." 다른 경찰이 덧붙였다. "그는 경찰 열두어 명을 보내서 메리앤을 수색하라고 지시했어. 선장과 선원을 체포하라고 했어."

"체포했나요?" 벤이 물었다.

"응. 그 악당들은 지금 서장 사무실에 있어. 서장은 그들에게 법을 보여줬어. 그들은 겁에 질렸지. 선장은 그가 너희들을 데리고 어떻게 하려고 했다는 것을 실토했어. 그는 너희를 외국에 가서 팔려고 했어."

"우리를 팔아요?" 마이크가 소리쳤다. "노, 노예처럼요?"

"바로 그거야. 그 전에 실종된 소년 열다섯 명도 그가 팔아버렸어. 그리고 그 선원이 돈을 나누어 받았지."

"그 두 사람은 죽을 때까지 감옥에 있을 거야." 다른 경찰이 말했다. "그 두 사람은 진짜 괴한이야. 이제부터 너희는 현명한 조언을 해 준 소년의 말을 듣는 게 나을 거야. 이름이 뭐라고 했더라?"

"벤 프랭클린이에요!" 소년들이 소리쳤다.

"벤, 일어나 봐라." 그가 말했다.

벤이 일어나자 그 경찰이 말했다. "너는 상식적인 판단이 뛰어나구나. 너 같은 소년을 만나서 기쁘다."

"감사합니다." 벤이 대답했다.

또 다른 경찰이 말했다. "서장께서 너를 데려오라고 하지는 않았으니 너는 집에 가도 좋다. 나머지는 우리와 함께 식사하고 가거라. 서장께서 너희들에게 맛있는 저녁을 대접하라고 했어. 먹고 싶은 만큼 마음껏 먹어

라. 자, 가자."

 수습공 일곱 명은 즐겁게 경찰을 따라갔다. 벤은 서둘러 공원으로 가서 토마스를 만났다.

 그날 밤 일어났던 사건을 아는 주인은 단 한 사람밖에 없었다. 조시아 프랭클린이었다. 벤은 집에 도착하자마자 아버지에게 모두 말씀을 드렸다.

 "네가 달아나지 않겠다고 했다니 기쁘다, 벤." 프랭클린 씨가 어린 아들에게 말했다.

 "아빠, 절대로 달아나지 않겠어요. 나쁜 주인을 만나기 전에는 말이죠." 벤이 약속했다.

 "벤, 너는 절대로 나쁜 주인을 만나지 않을 거다. 최소한 내가 살아있는 동안에는 말이다."

16
벤에게 딱 맞는 기술

1. 인쇄소 수습공

 제임스 프랭클린이 런던에서 돌아왔다. 그는 오랫동안 그곳에서 인쇄 수습공으로 일했다. 이제 그는 보스턴에 인쇄소를 차렸고, 사업은 날마다 번창했다.

"수습공이 필요해요." 어느 날 그가 아버지에게 말했다. "영리한 아이가 필요해요. 믿음직하고 글을 읽을 줄 아는 소년 말이에요."

"벤은 어떻게 생각하니?" 프랭클린 씨가 물었다. "벤은 영리하고 믿음직하고 무엇이든 읽을 수 있지."

"인쇄 기술을 배우고 싶어 할까요?" 제임스가 물었다. "만일 그렇다면 벤이 적격이죠."

하지만 저런…… 벤은 인쇄 기술을 배우고 싶지 않았다. "저는 여행을 하고 싶어요." 그가 말했다. "저는 선원이 되어 온 세상을 돌아다니겠어요."

"더 나이가 든 후에 하면 되지." 아버지가 말했다. "지금은 형한테서 인쇄 기술을 배우는 게 최선일 거야."

"얼마나 오래 있어야 하죠?" 벤이 물었다.

"법에 따르면 수습공은 주인을 위해서 스물한 살이 될 때까지 일해야 돼."

"하지만 저는 이제 열두 살인걸요! 앞으로 9년이나 남았잖아요!"

"인쇄 기술 배우려면 그 정도는 걸릴 거야, 벤."

"아빠, 죄송하지만 그렇게는 못하겠어요. 엄마, 죄송해요. 부모님을 기쁘게 해드리고 싶지만, 그렇게 오래 거기 붙어있는 것은 생각조차 하기 싫어요. 9년 동안 내

벤이 작은 옷가방을 들고 집을 떠나는 모습을 보자 몹시 슬펐다.

내 인쇄틀을 다뤄야 한다니! 못 견딜 거에요.

그러자 어머니가 울었고, 아버지도 눈물이 고였다.

벤은 부모님을 너무도 사랑했기 때문에 그 모습에 마음이 아팠다. 그래서 마침내 동의를 했다.

제임스는 서류를 가져와서 벤에게 서명을 하라고 했다. 그것은 계약서였고, 제임스도 서명을 해야 했다.

이 계약서에 따르면 제임스 프랭클린이 벤 프랭클린에

게 인쇄 기술을 가르쳐주어야 하며 그에게 음식과 옷을 공급해주어야 한다. 보수는 없다. 또한 벤 프랭클린은 모든 일에서 제임스 프랭클린의 지시에 복종해야 한다.

이 계약서는 조시아 프랭클린도 서명했다. 벤의 아버지가 허락한다는 뜻이었다.

이제 제임스는 벤의 '주인'이 되었고, 벤은 '인쇄 수습공'이 되었다.

프랭클린 가족은 벤이 작은 옷가방을 들고 집을 떠나는 모습을 보자 몹시 슬펐다. 그러나 그 당시 보스턴에서는 다 그렇게 살았다.

그러나 한 가지는 감사한 일이었다. "이제 벤은 바다로 가지 않을 거예요. 그들이 말했다. "이제 법에 따라서 제임스에게 묶였으니까요."

2. 벤의 임무

벤은 아주 빠르게 배웠다. 그는 곧 인쇄 활자를 판에 배열했는데, 신속하고도 뛰어나게 일했다. 그는 그 일을 좋아했다. 날마다 더 좋아하게 되었다.

제임스는 벤이 무슨 일이든 시작하기 전에 미리 계획한다는 것을 깨달았다. 활자를 분류하고, 각각 같은 종류의 활자를 지정된 자리에 놓았다. 그래서 한 가지 종류의 활자는 전부 한 곳에 정돈되었다. 서로 다른 활자를 찾으려고 허둥대며 시간 낭비를 할 필요가 없었다.

제임스에게 철자법을 물어볼 필요도 없었다. 벤은 철자법에 매우 뛰어났다.

그는 손님들에게 예의 바르게 행동했다. 손님들이 인쇄하고 싶은 광고문을 직접 써주기까지 했다. 그는 심부름을 하고 밖에 나가서 종이를 수레에 날라왔다.

제임스는 가장 중요한 손님의 집에는 벤에게 배달을 시켰다. 벤이 절대로 무례하거나 허튼 질문을 하지 않기 때문이었다. 사실 벤은 절대로 말을 많이 하는 법이 없었다. 그는 아버지 집에 살 때 귀담아듣는 습관을 키웠던 것이다.

한번은 벤이 유명한 성직자인 커튼 메이서의 집에 인쇄한 설교문을 배달했다. 메이서 씨는 벤에게 그의 개인 도서관으로 들어오게 했는데, 벤은 난생처음으로 그런 광경을 보았다. 거대한 책장이 마룻바닥에서 천정까지 닿았고, 책장마다 책이 가득했던 것이다.

벤은 그 모습에 반했다. '아, 내가 이렇게 아름다운 곳에서 책을 읽을 수만 있다면! 내가 오직 이런 책을 가질

한번은 벤이 유명한 성직자의 집에 인쇄한 설교문을 배달했다.

수만 있다면! 하지만 그건 불가능해. 돈이 많고 지위가 높은 사람만 그렇게 할 수 있으니까.'

그는 가난한 인쇄 수습공 벤 프랭클린이 언젠가 큰 개인 도서관을 소유하리라고는 꿈도 꾸지 못했다. 그렇게

하려면 책이 아주 많아야 하기 때문이다.

3. 책 읽기

벤은 하루종일 일했다. 동 틀 때부터 어두워질 때까지는 쉴 새가 없었다. 그러나 매일 저녁이 되면, 아무리 피곤해도, 제임스가 런던에서 가져온 책들을 읽었다.

책은 몇 권 되지 않았기 때문에, 얼마 지나지 않아 그는 책을 더 구해야 했다.

그때 행운이 찾아왔다. 책방에서 일하는 수습공 존 콜린즈와 친구가 된 것이다. 벤은 존에게 자기가 책을 얼마나 좋아하는지 말했다.

존이 주인에게 말하자 주인은 벤이 가게에서 새 책을 빌려 가도 좋다고 했다. 단 책은 반드시 다음 날 아침 일찍 반납하고, 새 책과 다름없이 깨끗해야 된다고 했다.

그래서 벤은 밤늦게까지 책을 읽었다. 다음 날 아침에 반납해야 했기 때문에 간혹 밤을 새우고 읽기도 했다. 그는 단 한 번도 약속을 어긴 적이 없었고, 책은 항상 새 책과 다름없이 깨끗하게 반납되었다.

하지만 벤은 계속 그렇게 할 수 없다는 걸 알았다. 너무 졸려서 일을 제대로 할 수 없을 것이다. 그러니 어떻게든 책을 살 방법을 찾아야 했다. 그러면 그가 읽고 싶을 때 책을 읽을 수가 있다. 그러나 어떻게 책을 산단 말인가? 돈도 없었고, 스물한 살이 되기 전까지는 돈을 벌 수도 없다. 수습공은 잠자는 방, 음식, 옷만 받았을 뿐 돈을 받지는 않았다.

마침내 그는 한 가지 계획을 생각해냈다. 제임스에게 자기가 직접 점심을 해결할 테니 음식값의 절반을 자기에게 달라고 했다. 제임스는 즉시 동의했다. 그에게는 유리한 장사였다. 벤이 구운 쇠고기를 안 먹겠다는 것은 미련한 생각이지만, 어쨌든 그가 좋아하는 것을 먹으면 될 것이다.

그날 이후 벤은 거의 굶다시피 했다. 점심으로 가느다란 빵 한 조각이나 크래커, 혹은 건포도를 조금 먹었다.

보스턴의 다른 소년들이라면 단 한 명도 그것을 견뎌내지 못했을 것이다. 그러나 그는 건강했고, 한 손으로 활자를 나를 수 있었다. 다른 인쇄공들은 두 손으로 그것을 나르면서도 힘들어했다.

그는 워낙 건강체질인데다 물을 많이 마셨기 때문에, 한동안 그렇게 지낼 수 있었다. 그는 제임스가 준 돈의 절반을 절약해서 책을 샀다. 표지가 얇은 저렴한 책이

다음 날 아침에 반납해야 했기 때문에 간혹 밤을 새우고 읽기도 했다.

었다. 그 책들은 이 세상의 온갖 주제에 관한 것이었다. 순록, 별, 잉크, 쌀, 늪지, 스펀지, 진주, 낙타…….

벤은 이제 점심을 오 분 안에 끝낼 수 있기 때문에 점심시간에 책을 읽을 수 있었다. 그는 한 시간 내내 머나

먼 세계를 여행했다. 낯선 사람들을 만나고 새로운 도시를 방문했다. 넓은 강을 따라 내려가고 높은 산에 올라갔다. 그는 낙타를 타고 순록을 탔다.

아, 얼마나 행복했는지 모른다! 그는 이제 바다에 나간다는 건 생각조차 하지 않게 되었다.

4. 계산하기

어느 날 스노우 부인이라고 하는, 한 나이 든 아주머니가 인쇄소를 찾아왔다. 그녀는 기다란 세마포를 가져와서 커튼으로 사용하려 하니 무늬를 인쇄해달라고 했다.

제임스는 면이나 마로 된 옷감에 빨강, 노랑, 파랑의 세 가지 색을 인쇄할 수 있다고 광고를 했었다.

스노우 부인은 무늬를 골랐고, 벤에게 주문을 했다. 그녀는 이렇게 말했다. "내 커튼은 3미터 길이에 3미터 넓이란다. 나는 커튼 가장자리를 사방으로 둘러 이 무늬를 빨간색으로 인쇄하고 싶어. 커튼은 네 조각이야. 이제 무늬를 몇 미터 찍어야 하며, 비용이 얼마나 들지?"

가엾은 벤! 그는 계산하고, 또 계산했지만, 답을 알아낼 수가 없었다. 그는 제임스에게 물어봐야 했다.

제임스는 그것을 좋아하지 않았다. 그리고 차갑게 말했다. "네 일은 네가 알아서 해."

바로 그날 밤 벤은 산수책을 사서 스스로 공부하기 시작했다. 매일 아침 일찍 일어나서 공부했다. 점심때도 공부했고, 밤늦게까지 앉아서 공부했다. 얼마 지나지 않아 그는 숫자 계산하는 법을 깨달았다. 그것은 이제 쉬웠다.

어느 날 돌리 쉬픈 양이 인쇄소에 왔다. "벤." 그녀가 말했다. "내 드레스 옷감에 이 패턴을 노란색으로 인쇄해 줘. 옷감은 7미터 반 너비인데, 그 무늬를 세 번 반복해서 찍어줘. 그러면 비용이 얼마나 들지?"

단 이 분 만에 벤은 그녀에게 답을 말했다. 이번에는, 그리고 앞으로도, 제임스에게 물어볼 필요가 없었다. 사실 그 이후 들어오는 모든 주문은 그가 계산했다.

제임스는 두말할 나위 없이 그가 찾던 영리하고 믿음직한 소년을 수습공으로 두었던 것이다.

17
아무도 모르는 비밀

1. 새로운 아이디어

제임스 프랭클린은 신문을 인쇄할 계획을 세웠다. 보스턴에는 이미 신문이 한가지 있었으나 제임스는 신문이 하나 더 있어도 되겠다고 생각했다.

친구들 대부분은 그의 생각이 어리석다고 말했다. 한 친구는 전 아메리카를 통틀어 신문은 한 가지면 충분하다고 말했다. 그러나 다른 두 사람은 제임스가 신문을 인쇄하면 글을 기고 하겠다고 말했다.

제임스는 결정했다! 그리고 글도 준비되었다. 글은 종이에 인쇄되었고, 벤은 거리에 나가 그것을 팔았다.

그것을 '뉴잉글랜드 큐런트'라고 불렀다. 시작부터 인기가 좋았다.

글을 쓴 작가들은 매우 기뻤다. 그들은 사람마다 자기들의 글을 칭찬한다고 말했다. 이 사람이 무슨 말을 했고, 저 사람이 무슨 말을 했는지, 게다가 그들이 다른 사람들을 행복하게 해주어 얼마나 행복한지를 말했다.

벤은 옆 방에서 활자를 놓고 있었는데, 들려오는 대화를 듣지 않을 수가 없었다. 그리고 그의 머리에는 새로운 아이디어가 떠올랐다. "그래! 내가 직접 큐런트 신문에 기고하는 거야!"

그는 이제 열여섯 살이고, 그동안 몰래 글을 써 왔다. 존 콜린즈를 제외하고는 아무도 그 사실을 모르고 있었다. 이제 벤은 그 새로운 아이디어를 존에게 말했다.

"너는 얼마든지 좋은 글을 쓸 수 있어." 존이 말했다. "하지만 네 형이 그걸 인쇄해줄까?"

"안 해줄 거야." 벤이 말했다. "그는 유명한 사람들 글을 실어야 신문이 잘 팔린다고 생각하거든."

"네 형을 설득할 수 없을까?"

"보나 마나 안 될 거야. 그렇다 해도 나는 글을 쓸 거야." 벤이 말했다. "사람들을 웃게 하는 글을 쓸 거야. 웃음거리가 될 만한 소재를 가지고 재미있게 써야지."

"그거 좋은 생각이야!" 존이 말했다.

"보스턴 시내의 진흙탕에 대해서 날카롭게 쏘아야지." 벤이 껄껄 웃었다.

"벤, 그거 진짜 좋은 생각이야."

2. 아무도 모르게

며칠 밤 계속 작은 다락방의 촛불이 늦게까지 꺼지지 않았다. 그 불은 글을 쓰고 있는 소년의 행복한 얼굴을 밝게 비추었다. 이따금 그는 쓰던 것을 멈추고 웃음을 터뜨렸다.

"이거 정말 웃기는데?" 그가 혼잣말을 했다.

그는 한 과부를 꾸며냈다. 이름은 "싸일런스 두굿" 부인이었다. 그녀는 항상 어리석은 말과 행동을 하는, 바보스럽고 머리가 텅 빈 여자였다. 그것은 마치 만화책을 읽는 것 같았다. 다만 그 만화는 그림이 없었다.

벤은 그것을 비밀로 하기로 했다. 자기가 썼다는 걸 알면 제임스가 절대로 인쇄하지 않을 것을 알고 있었다.

그래서 그는 글을 다시 베껴 쓸 때 글씨체를 바꾸었다. 그리고 "싸일런스 두굿"이라고 서명을 했다.

그는 그날 밤 인쇄소 문 밑으로 그것을 집어넣어 놓기로 했다. 그러나 어떻게 하면 제임스가 눈치채지 못하게 밖으로 빠져나갈 수 있을까? 집 밖은커녕 자기 방에서 나가기만 해도 무슨 소리가 날 것이다.

그는 신을 벗어들고 내려갔다. 하지만 문소리가 나면 어쩌지? 때때로 그 문은 끼익 소리를 냈다. 그러나 오늘 밤만은 끼익거리면 안 된다!

그는 문 손잡이를 천천히 부드럽게 돌렸다. 문을 얼마나 조용히 열었던지 파리조차도 그것을 못 느꼈을 것이다.

그는 이제 어두운 복도에 서 있었다. 남의 눈에 뜨일세라 감히 촛불을 들고 갈 생각도 못했다. 캄캄한 어둠

속에서 계단을 두 층이나 밟고 내려가야 한다. 한 번이라도 휘청거린다면 그 순간 주인 제임스가 그의 침실에서 나올 것이다.

그렇게 해서 그는 아래로, 아래로, 살금살금, 고양이

그리고 재빨리 문 밑으로 봉투를 집어넣었다!

처럼 살그머니 내려갔다. 출입문까지 와서 아무 소리도 내지 않고 그 문을 열었다.

다시 신을 신고 퀸 스트리트에 있는 제임스의 인쇄소

까지 뛰어갔다.

그리고 재빨리 문 밑으로 봉투를 집어넣었다! 이제 됐다! 그다음에는 무슨 일이 일어날까? 제임스가 그 글을 누가 썼는지 알아챌까?

그는 다시 집으로 몰래 들어왔다. 컴컴한 복도를 지나 어두운 계단을 올라서 자기 방으로 들어갔다. 아무도 보지 못했다. 지금까지는 모든 일이 순조롭게 돌아갔다.

3. 알 수 없는 봉투

다음 날 아침 인쇄소 문 밑에서 커다란 봉투가 발견되었다. 그런데 벤이 아니고 또 누가 그걸 처음 발견한단 말인가? 참 이상한 일이었다.

그는 마침 그날 아침 제일 먼저 인쇄소에 출근한 사람이었다. 그것도 이상하지 않은가?

제임스가 오자 벤은 그에게 봉투를 건네주었다. "문 밑에 있었어." 그가 말했다.

"혹시 작가한테서 무슨 비판이 날아온 게 아닐까?" 제임스가 말했다. "분명 그럴 거야. 그렇지 않으면 왜 한

밤중에 도둑처럼 여기에 넣어 놓았겠어."

제임스는 봉투를 열면서 계속 이렇게 말했다. 이제 그는 그 글을 읽기 시작했다. 벤은 돌아가서 활자를 틀에 정리하고 있었지만, 곁눈으로는 제임스를 바라보고 있었다.

제임스가 그의 글씨체를 알아볼 것인가? 제임스가 그의 글씨체를 알아보고도 그 글을 인쇄할 것인가? 제임스는 그 글이 재미있다고 생각할까?

기다리는 삼 분은 괴로운 시간이었다. 그러나 이게 뭔가? 제임스가 미소를 짓고 있는 게 아닌가! 이제 그는 웃음을 터뜨렸다!

바로 그때 큐런트의 작가들이 인쇄소로 왔다. 그리고 제임스는 벤의 글을 소리내어 읽었다!

작가들은 웃고 또 웃었고, 제임스도 그들과 함께 웃었다. 그들은 잠시 멈추더니, 다시 웃기 시작했다.

"그거 진짜 재치있는 글이로군." 벤은 그 중 한 사람이 말하는 것을 들었다.

"읽는 사람마다 웃을 거야." 또 다른 사람이 말했다.

"이 마을에서 읽어본 글 중에 제일 재미있는걸." 세 번째 사람이 말했다.

벤의 가슴은 쿵쿵 뛰었다. 너무나 신이 났다. 또 이런 말이 들렸다.

"누가 썼는지 안다면 내가 원고료를 잘 쳐서 줄 텐데." 제임스가 말했다. "이 싸일런스 두굿이 누군지 혹시 짐작 가는 거 없습니까?"

"분명 우리 보스턴의 재주꾼 중 하나겠지." 한 사람이 말했다. "하버드대학 교수일지도 몰라." 다른 사람이 말했다.

그러면서 그들은 계속해서 추측했다. 그들이 생각한 사람은 모두 보스턴에서 유명한 사람들이었다!

그 글은 큐런트에 실렸다. 벤은 자신의 글이 실제로 인쇄된 것을 보자 큰 소리로 외치고 싶었다. 너무 기뻤다.

존 콜린즈는 소리를 질렀다. 그도 몹시 기뻤다. 자기 친구, 열여섯 살밖에 안 된 벤이 작가가 된 것이다!

두 소년은 아무도 모르도록 비밀을 지켰고, 아무도 진실을 추측해내지 못했다.

18
말없이 선행하는 자

1. 진흙탕

그런지 얼마 후 보스턴 전체가 싸일런스 두굿의 바보같은 이야기를 읽고 모두 웃었다. 벤은 싸일런스 두굿을 통해서 보스턴 거리의 진흙탕이 일부러 만들어진 것처럼 꾸몄다.

"만일 그렇다면, 그것은 진정 동물에 대한 사랑의 표현이에요." 그녀가 말했다.

"맥 부인이 돼지 두 마리를 여기 데려와서 뒹굴게 하

도록 말이죠. 뭣 때문에 굳이 시냇가의 진흙탕까지 간단 말이에요. 거기까지 가려면 얼마나 먼데요. 물론 돼지들 꿀꿀 소리에 동네 사람들이 괴로운 건 사실이죠. 하지만 베이컨을 좋아하는 사람은 전혀 상관 안해요.

그래도 개구리의 개골개골 소리에 비하면 꿀꿀 소리가 차라리 낫죠. 그 진흙탕에는 개구리가 수백 마리 살잖아요. 그것들이 밤새 귀가 먹먹해지도록 울어대서 어린 아이들이 놀래서 발작을 일으킨다니까요.

그 진흙탕은 파리와 모기에게도 안식처예요." 그녀가 말했다. "후손을 번식하기 딱 좋은 진흙이죠. 그리고 들러붙을 사람들이 바로 옆에 잔뜩 모여 살잖아요. 그러니 얼마나 편리하겠어요!"

그리고 그녀는 어느 일요일 좋은 옷을 차려입고 가다가 그 진흙탕에 빠진 사건에 대해서 얘기했다. 겨우 그곳에서 기어 나오자, 그녀의 옷 양쪽 주머니에는 개구리가, 신발에는 올챙이가 들어 있었다.

어디 그뿐인가? 일요일에 수영을 한 죄로 경찰이 와서 그녀를 잡아갔다.

그 신문은 마치 뜨거운 케이크처럼 팔렸다. 모두다 싸일런스 두굿과 진흙탕에 관한 이야기를 읽고 싶어 했다.

거리에 신문을 팔러 나간 벤은 신문을 더 가지러 인쇄소를 열두 번도 더 들락거려야 했다.

제임스는 기분이 좋았다. 그는 벤에게 이렇게 말했다. "보스턴 사람이라면 아무도 그 진흙탕을 좋아할 리 없어."

그러나 제임스가 틀렸다. 다음 날 어떤 여자가 인쇄소로 찾아왔다. 제임스는 그의 사무실에 있었다. 그는 작가와 얘기하고 있었다.

"누가 이 신문을 찍은 주인이죠?" 그녀가 날카롭게 물었다.

"접니다, 부인." 제임스가 대답했다. "뭘 도와드릴까요? 앉으시겠어요?" 그가 근처의 의자를 가리키며 말했다.

"아니, 앉지 않겠어요." 그녀는 화가 나서 말했다. "어떻게 감히 나에 대해서 이런 말을 할 수가 있는 거죠?"

"부인, 부인. 잠깐만요! 부인에 대해서 얘기한 적이 없

물론 돼지들 꿀꿀 소리에 동네 사람들이 괴로운 건 사실이죠.

는데요. 부인이 누구신지도 모르는 걸요."

"당신은 사람들이 나를 욕하게 만들었어요. 사람들이 나와 내 돼지를 웃음거리로 삼고 있어요."

"아! 어제 큐런트에 실린 그 진흙탕에 관한 기사 말씀

이시군요!"

"그래요. 나는 당신을 재판소에 끌고 가겠어요. 반드시 그럴 거예요."

"하지만 부인, 그 글은 제가 쓴 게 아닙니다."

"그럼 누가 썼죠?"

옆 방에 있는 어린 수습공은 그때 하던 일을 멈췄다. 그는 형이 뭐라고 대답하는지 듣고 있었다.

"부인, 죄송합니다. 그러나 말씀드릴 수가 없습니다." 제임스가 말했다. "저도 누군지 모르거든요. 그것은 어느 날 밤에 저희 인쇄소 문 밑에 있었어요."

"흥! 참 그럴듯한 각본이군요."

"부인, 그건 사실입니다." 작가가 끼어들었다. "그가 봉투를 열어볼 때 저도 여기에 있었습니다."

"어쨌든 당신이 그걸 인쇄했잖아요." 그녀가 제임스에게 말했다. "나는 내 돼지를 그 진흙탕에서 뒹굴게 할 권리가 있어요."

"아, 바로 그게 문제였군요! 그러니까 부인께서 그 돼지의 주인이시군요."

"그래요. 그게 제가 먹고사는 길이랍니다."

"시골로 가서 돼지를 키우는 게 더 낫지 않습니까?" 제임스가 물었다.

"인디언이 와서 제 머리 껍질을 벗겨가란 말입니까?"

"그렇다면 도시가 더 안전하다고 느끼십니까?"

"물론이죠. 인디언들은 감히 이곳은 습격 못해요. 그리고 여기에는 저를 보호해 줄 사람들이 많이 있어요."

"그렇다면 그들을 위해서 뭔가 해주시지 그러십니까?"

"그게 무슨 뜻이죠?"

"그들은 절대로 돼지 냄새를 좋아하지 않을 겁니다. 저도 싫거든요."

"그것도 내가 화가 난 이유 중 하나예요. 그들은 단 한 번도 내 돼지를 놓고 불평한 적이 없어요. 이 신문을 읽기 전까지는 말이죠. 이제 그들은 내가 이 도시에서 돼지를 키울 수 없다고 말했어요."

'와, 승리했다!' 벤이 속으로 말했다.

"이웃사람들의 말이 맞습니다." 제임스가 단호하게 말했다.

"그러면 날 더러 어쩌란 말이에요? 굶어 죽으란 거예요?"

"부인, 돼지를 팔고, 다른 것을 하세요." 제임스가 정중하게 제안했다.

"더 향긋한 냄새가 풍기는 걸 찾아보시죠." 작가가 덧붙였다. "프랭클린 씨의 조언을 받아들이시는 게 좋을 겁니다. 곧 그 진흙탕이 메꿔질 테니까요."

"내가 못하게 막을 거예요. 주지사를 찾아가겠어요. 그렇다니까요. 제임스 프랭클린 씨, 단단히 각오하세요. 모두가 당신 잘못이에요. 당신이나 말없이 선행을 하시죠!"

그리고 그녀는 일어서서 문을 쾅! 닫고 나갔다.

"나, 원 참!" 제임스가 한숨 쉬었다.

"내가 진작에 뭐라 그랬소?" 작가가 동의했다.

"모든 사람의 비위를 다 맞출 수는 없지." 제임스가 말했다. "이제 일이 어떻게 될까요?"

많은 사람들이 궁금해했다. 그들은 이제 웃기를 멈추고 생각하기 시작했다. 그들은 싸일런스 두굿이 돼지와 파리와 모기에 대해서 한 말을 되새겼다.

그리고 그들은 주지사에게 편지를 썼다. 돼지 때문에 사람들이 길에서 달아나고, 돼지가 번식시키는 파리와 모기 때문에 사람들이 집을 팔고 떠나게 만든다고 말했다.

"그러니 우리가 보스턴을 떠나야 하지 않을까?" 사람들이 물었다. "더 살기 좋은 장소를 찾아야 하지 않을까?"

곧 진흙탕은 메꾸어졌다.

"축하해, 싸일런스 두굿!" 존이 소리쳤다.

"그녀는 진짜 선행을 했어, 안 그래?" 벤이 말했다.

"그럼. 네 덕분에. 그녀는 보스턴을 더 살기 좋은 곳으로 만들었어."

"그 덕분에 나도 행복해."

"그런데 그 과부가 돼지를 어떻게 했는지 들었어?" 존이 물었다.

"그걸 팔았어. 이제 그녀는 빵을 구워서 팔아. 이웃에서 그걸 사주고."

"그러니까 결국 모두에게 잘 됐군."

"모두다. 나만 빼고. 제임스는 더 이상 싸일런스 두굿의 글을 원하지 않아. 이번 글 때문에 그는 너무 골치가 아팠거든."

"두고 보자, 벤."

"그러는 수밖에, 존. 두고 보자."

2. 벤의 두 번째 글

제임스 프랭클린이 큐런트에 광고를 낸 것은 그로부터 얼마 가지 않은 때였다. 그는 "사일런스 두굿"에게 다음 원고를 보내달라고 부탁했다. 그 작가가 그것을 들고 큐런트 사무실로 오면 아무것도 묻지 않겠다고 했다. 혹은 그가 유니온 스트리트의 파란공이 달린 집으로 가져와도 아무것도 묻지 않겠다고 했다.

"다시 글을 써야겠어." 벤이 존 콜린즈에게 말했다. "보스턴에는 우스갯거리가 될 만한 게 얼마든지 많거든. 사람들을 형틀에다 끼워 놓고 벌을 주는 것 말이야."

형틀은 크고 무거운 쇠로 된 사각형틀로 팔과 다리를

끼우는 구멍이 나 있었다. 죄지은 사람을 그 형틀 뒤에 앉히고 양팔과 다리를 그 구멍으로 빼낸 채 형틀을 자물쇠로 잠갔다.

때때로 죄인들은 그곳에 하루 종일, 혹은 그 이상, 날씨에 상관없이, 매여 있었다.

이 형틀은 어김없이 확 트인 곳에 놓여서 지나가는 사람마다 그 불쌍한 사람을 볼 수 있었고, 때로는 웃음거리로 삼았다.

"한마디로 잔인해." 존이 말했다. "나는 항상 그게 싫었어."

"게다가 아주 작은 일로도 벌을 받아야 해." 벤이 말했다. "일요일에 산책하거나 수영을 한다고 해서, 혹은 높은 세금에 반대한다고 해서 말이야."

"아니면 이웃이 게으르다는 말을 해도 벌을 받지." 존이 말했다. "혹은 그가 진실을 말하지 않는다는 말을 해도 벌을 받고."

"싸일런스 두굿이 그 형틀을 우스갯거리로 만들어야겠어." 벤이 말했다.

"조심해." 존이 경고했다. "잘못하다간 네 팔이 그 구멍에 들어가 있을 테니까."

"상관없어." 벤이 말했다. "그래도 할 테야."

또다시 다락방에 촛불이 늦게까지 켜져 있었다. 그 불은 두 번째 글을 쓰는 그 소년의 행복한 얼굴을 비추었다. 역시 그는 글을 쓰다가 웃었고, 그리고 또다시 큰 소리로 말했다. "이건 정말 웃기는군."

마침내 글은 완성되었고, 잘 베껴서 서명했다. "싸일런스 두굿."

그러나 그것은 큐런트 사무실이나 유니온 스트리트의 파란공이 달린 집으로 가지 않았다. 그것은 퀸 스트리트의 인쇄소 출입문 아래로 들어갔다. 벤은 절대로 그의 형에게 들켜서는 안 되었다.

3. 형틀 구멍과 양말 구멍

"하하!" 큐런트를 읽는 사람들이 웃었다. 또다시 싸일런스 두굿이 등장했다! 그런데 알고 보니 그녀에게는 아이들이 여섯 명이나 있지 않았던가!

사실 그랬다. 그 과부는 아이들과 함께 일요일 정장을 차려입고 외출을 했다. 밀크 스트리트에서 그들은 굿하트 부인을 만났다.

"어머나, 안녕하세요!" 싸일런스가 말했다. "우리가 어딜 다녀왔는지 아시겠죠?"

그는 동이 틀 때부터 거기 묶여 있었어요.

"아니요. 어딜 다녀오셨는데요?" 굿하트 부인이 물었다.

"물론 형틀에 다녀왔죠. 불쌍한 빌 피들스틱을 보러요. 그는 동이 틀 때부터 거기 묶여 있었어요. 그를 보

셨어요?'

"나는 못 갔어요." 굿하트 부인이 말했다. "가지 않을 거예요."

"나는 그런 구경이라면 절대로 놓치지 않겠어요." 과부 두굿이 말했다. "마치 크리스마스트리 같다니까요. 아이들은 절대로 잊지 않을 거예요."

'물론이죠.' 굿하트 부인이 속으로 말했다. '아이들은 절대로 잊지 않을 거야. 슬프게도…….'

"근데 무슨 일이 일어났는지 아세요?" 싸일런스가 계속 이어 말했다. "빌의 발이 너무 커서 형틀 구멍으로 들어가지를 않았어요. 그래서 그들이 빌의 신발을 벗겼죠. 하하하!"

굿하트 부인은 조금도 웃지 않았다. "경찰이 그 형틀의 윗부분을 들어올렸어야죠." 그녀가 말했다. "구멍이 그렇게 작은데 어떻게 발이 그 구멍으로 들어가겠어요?"

"뭐라구요?" 사일런스 두굿 부인이 말했다. "하지만 경찰에게 그 무거운 형틀을 들어올리라고 할 순 없죠."

"아, 그래서 그랬군요." 굿하트 부인이 말했다. "경찰에게 그렇게 힘든 일을 하게 만들면 안되죠."

"들어올리지 않기를 잘했어요." 두굿 부인이 말했다. "그렇지 않았다면 그 재미난 구경을 못했을 테니까요. 호호호!"

"하하하!" 아이들이 웃었다.

"얘들아, 너희들이 본 걸 부인께 얘기해 드려라."

"양말 구멍!" 아이들이 소리쳤다.

"형틀 구멍 말이니?" 굿하트 부인이 말했다.

"아니요, 아니요!" 싸일런스가 말했다. "형틀 구멍이 아니라, 양말 구멍이에요. 빌의 양말에 난 구멍 말이에요! 사람들이 얼마나 웃었던지. 평생 못 잊을 광경이었어요."

"그가 죄를 그만두겠다고 했나요?" 굿하트 부인이 슬프게 말했다.

"죄라니요? 무슨 죄 말이죠?" 싸일런스가 말했다.

"빌이 왜 형틀에 묶였는지 모르세요?"

"아, 그런 것에는 관심도 없어요. 그나저나 안녕히 계세요. 애들아 가자. 정말 재밌었지?"

모두들 이 글을 읽고 처음에는 웃었다. 그러다가 그들은 생각하기 시작했다. 벌을 받는 사람을 보고 웃어도 되는가? 해가 나나 비가 오나 바람이 부나 관계없이 형틀에 묶여 뻣뻣해진 팔과 다리로 고통받는 사람을 보고 재미있다고 생각해도 되는가 말이다.

보스턴 사람들은 그 문제에 관해서 계속 대화를 했고, 결국 주지사의 귀에도 그 말이 들렸다. 세월이 많이 흐른 뒤 마침내 그 형틀은 불에 태워졌다.

4. 비밀이 탄로나다

사람들은 "싸일런스 두굿의 이야기"를 계속 듣고 싶다고 요청했다. 제임스 프랭클린은 계속해서 광고했고, 벤 프랭클린은 계속해서 글을 썼다. 그는 보스턴 시에 사는 동안 두 눈을 똑바로 뜨고 있었으며, 그곳에는 늘 재미나는 이야깃거리를 쓸만한 재료가 있었다.

이제 그는 어린 수습공들을 잔학하게 다루는 주인에 관해서 쓰기로 했다.

그는 싸일런스 두굿이 그런 주인들을 칭찬하게 했다.

"그들은 저 게을러 빠진 소년들을 어떻게 일을 하게 만드는지를 잘 알고 있지." 그녀가 아이들에게 말했다.

"그 소년들은 지독하게 말랐어요." 큰아들이 말했다.

"그 소년들 잘못이야. 주인들이 주는 음식을 먹지를 않거든. 어느 부자 주인에게서 직접 들었어."

"그래요. 사람들도 그렇게 말했어요."

"나는 이다음에 자라서 부자 주인이 될 테야."

"그것 좋은 생각이다. 그러면 수습공 소년들에게 한 푼도 지불하지 않아도 될 테니까. 그 소년들을 하루 종일 일을 시키고. 음식도 많이 줄 필요 없단다. 배가 부르면 일을 제대로 못 할 테니까."

벤은 제임스가 이 글을 작가에게 소리내어 읽어주는 것을 들었다. "이 글은 인쇄할 수가 없어요." 제임스가 말했다. "그렇게 되면 너무 많은 사람들이 나를 비난할 겁니다. 게다가 이것이 사실인지 모르겠어요."

그러자 벤은 제정신이 아니었다. 그는 사무실로 들어갔고, 형이 놀라서 그를 쳐다보았다. "그건 사실이야!" 그가 소리쳤다. "거기 쓰여 있는 건 모두 사실이라고.

나는 알아."

"네가 어떻게 아니?" 제임스가 물었다.

"나는 수습공을 여러 명 알아. 나도 그들의 클럽에 들어갔어. 나는 사실을 다 파악한 다음에 그 글을 썼다고."

"네가 뭘 어쨌다고?"

"말 안 하려구 했는데…… 나도 모르게 말이 튀어나왔어. 내가 싸일런스 두굿 이야기를 썼어."

제임스는 입이 떡 벌어졌다. "네가 그 이야기들을 썼다고? 말도 안 돼! 도저히 못 믿겠어!"

벤은 그가 글을 다시 베끼기 전에 쓴 초고를 보여주었다. 제임스는 그것을 유심히 관찰했다. 마침내 그는 믿을 수밖에 없었다.

제임스는 그의 친구들에게 말했고, 그들 또한 입이 떡 벌어졌다. 그들도 처음에 그것을 믿으려고 하지 않았다. "뭐라고? 그 수습공 말이야? 그건 불가능해!"

제임스는 벤의 초고를 그들에게 보여주었고, 그러자 그들도 역시 믿을 수밖에 없었다. 그들이 벤에게 어찌나 떠들썩하게 칭찬을 늘어놓았던지, 제임스는 약간 질투가 났다.

얼마 가지 않아 보스턴의 모든 사람들이 누가 "싸일런스 두굿"의 작가인지를 알게 되었다. 미국 전체에서 벤 프랭클린과 같은 소년이 없을 것이라고들 말했다.

프랭클린 부부는 벤이 매우 자랑스러웠다. "벤이 글쓰기를 좋아하니 참 다행이에요." 프랭클린 부인이 말했다. "그러니 이제 보스턴을 떠나지 않을 거예요."

"그래요." 프랭클린 씨가 말했다. "이제 벤이 달아날 염려는 없겠어요."

19
결국 일이 벌어졌다

1. 다툼

제임스 프랭클린에게 변화가 생겼다. 그는 항상 친절하고 명랑했건만, 이제 그는 화를 잘내고 침울한 사람이 되었다.

벤은 왜 그런지 이해할 수가 없었다. 인쇄소는 점점 번창하고, 새로운 수습공도 두 명 더 들어왔다. 그러나 제임스는 기뻐하지 않았다. 그는 벤에게 사사건건 트집을 잡았다. 다른 소년들이 보는 앞에서 벤을 꾸중했다. 그

는 무엇이라도 잘못되기만 하면 벤을 야단쳤다.

사실 제임스는 동생에게 단단히 질투가 났다. 사람들이 벤을 칭찬하는 것을 들으면 화가 났다.

"저러다가 벤이 교만에 빠질 거에요." 그가 아버지에게 말했다. "심지어 주인인 저 한테도 건방지게 굴어요."

그것은 의심할 여지가 없는 사실이었다. 벤은 걸핏하면 보스턴에서 가장 영리한 소년이라는 칭찬을 들었다. 그러니 교만에 빠졌을 것이다.

상황은 점점 악화되어, 어느 날 제임스가 벤을 때렸다. 벤은 화가 나서 제임스에게 말대꾸를 했다.

그런데 보스턴 아니라 그 어디에서라도, 주인이 무슨 말을 했든, 무슨 행동을 했든, 어떤 수습공도 감히 주인에게 말대꾸할 수 없었다. 물론 제임스는 몹시 화가 났고, 그래서 다시 아버지를 찾아갔다.

프랭클린 씨는 제임스에게 벤을 친절하게 대하라고 말했다. "칭찬을 듣는다고 그리 해로울 것은 없다." 그가 말했다.

"아버지는 항상 벤의 편을 들어요." 제임스가 말했다.

그리고 그는 벤을 이전 보다 더 심하게 다루었다. 그는 심지어 다른 수습공들이 늘 하는 실수를 가지고도 벤을 때렸다.

벤은 매우 불행했다. 그는 아버지에게 제임스가 그를 동생이 아니라 마치 노예 대하듯 한다고 말했다.

조시아 프랭클린은 또 다시 제임스에게 말했다. 그러나 제임스는 이렇게 말했다. "아버지는 항상 벤의 편을 들어요."

제임스 프랭클린은 마음 속으로 벤이 세상에서 가장 성실한 수습공이라는 사실을 알았다. 그러나 그렇게 말할 리는 없었다. 그는 계속해서 벤을 야단치고 때렸다.

마침내 벤은 제임스를 떠나기로 마음 먹었다. 그는 보스턴에서 달아나기로 했다!

2. 도망

그러나 벤은 바다로는 가지 않기로 했다. 그는 인쇄업을 좋아했고, 그 기술을 통달했으니 어디론가로 떠나서 인쇄업자가 되기로 마음 먹었다.

먼저 뉴욕으로 갈 것이다. 만일 그곳에서 인쇄소에 취직을 못 하면, 필라델피아로 갈 것이다.

그는 존 콜린즈에게 자신의 계획을 말했다. 존은 도와주겠다고 약속했다. 벤은 감히 혼자서 모든 계획을 추진할 엄두가 나지 않았다.

존은 벤의 책을 팔아 뱃삯을 마련하고 그날 밤 뉴욕으로 떠나는 범선의 선장을 찾아갔다.

그는 선장에게 은밀한 업무 때문에 뉴욕에 가야 하는 젊은이가 있다고 말했다. 선장이 말없이 받아주기만 한다면 뱃삯에 돈을 얹어 주겠다고 했다.

선장은 동의했고 그 중요한 승객을 기다리겠다고 약속했다. "그는 조금 늦을 겁니다." 존이 말했다.

한편 벤은 옷을 챙겨서 몰래 집을 빠져나갈 기회를 엿보았다.

그날 밤 제임스는 인디언 춤을 보러 가기로 했다. 그 인디언들은 막 보스턴에 도착했고, 모두들 그 춤을 보고 싶어했다. 공원에는 많은 사람들이 모일 것이다. 길은 거의 텅 비어 있었다.

벤은 남의 눈에 띄지 않게 달아나고 싶었다.

벤은 방에서 기다렸고, 존은 길에서 기다렸다.

제임스가 춤을 보러 안 가려나? 왜 떠나지 않는 걸까? 어쩌면 제임스가 계획을 바꿔서 안 가기로 했는지도 모른다. 그렇다면 제임스가 잠자리에 들 때까지 기다려야 하나? 선장이 그렇게 오래 기다려 줄 것인가?

그날 밤 벤의 마음은 불안으로 가득했다. 그는 부모님에게 작별 인사도 못하고 떠나야 한다. 만일 부모님에게 말하면 그들은 제임스에게 알려주는 것이 마땅하다고 생각할 것이다. 그러면 제임스는 그를 다시 붙잡아 올 것이다.

바로 그때 제임스가 집에서 나가는 소리가 들렸다. 존이 그것을 보았다는 신호로 기다란 휘파람을 불었다.

벤은 트렁크를 들고 내려왔고, 존은 그것을 들어주며 어두운 거리를 지나 부두로 갔다.

범선은 기다리고 있었다. 웃돈을 지불하자 선장은 아무 질문도 하지 않고, 벤과 그의 트렁크를 실어주었다.

순풍이 불자, 그 작은 배는 즉시 항구를 떠났다.

벤은 트렁크를 들고 내려왔고, 존은 그것을

들어주며 어두운 거리를 지나 부두로 갔다.

벤 프랭클린. 열 일곱 살밖에 안 된 그는 어린 시절의 고향을 떠나고 있었다. 그는 새로운 인생, 낯선 도시, 처음 보는 사람들을 향해서 항해를 떠났다. 그의 주머니에 든 돈이라고는 고작 일 달러나 이 달러가 전부였다.

그러나 그의 머릿속에는 거대한 포부가 있었다. 그는 뛰어난 기술을 가지고 있었다. 그는 훌륭한 인쇄 수습공이었던 것이다.

3. 벤은 어디에

보스턴에서 또 다른 수습공이 달아났다. 또 한 명의 소년이 어딘가에서 위험에 빠져있을 것이다.

제임스는 존 콜린즈에게 물었으나, 존은 벤의 행방에 대해서 모르는 것 같이 보였다. 조시아 프랭클린은 항구로 가서 선장들과 선원들을 만나서 물었다. 아무도 벤을 본 사람이 없었다.

물론 홈즈 선장은 벤이 어디 있는지 계속해서 수색했다. 그는 벤의 매형으로, 범선을 가지고 뉴욕과 필라델피아에서 무역을 하는 사람이었다. 그는 도시들로 가서 벤을 수색했다. 뉴욕의 인쇄소로 가서 벤에 대해서 알고 있는지 물었다.

벤이 그곳에 왔었다고 한 인쇄소 주인이 말했다. 그러나 일자리가 없었기 때문에 필라델피아로 가라고 조언을 해주었다. 거기에 수습공이 필요한 인쇄소가 있다는 것을 알았다. 벤은 필라델피아로 가겠다고 말했다.

물론 그 인쇄소 주인은 벤이 거기까지 갈 여비가 없다는 사실을 몰랐다. 그리하여 벤은 대부분의 여정을 걸어서 갔으나, 홈즈 선장은 그 내용을 들을 수가 없었다.

홈즈 선장은 필라델피아에서 어떤 낯선 소년이 최근에 보스턴에서 왔다는 소식을 들었다. 그들은 그가 어느 날 돈 한 푼 없이 왔고, 그다음날로 인쇄소에 취직했다고 말했다. 그들은 그가 한 손으로 활자를 들 수 있다고 말했다. 홈즈 선장은 그 소년이 벤이라는 것을 확신했고, 즉시 그 인쇄소로 갔다.

거기에 벤이 있었다! 그리고 그는 건강하고 행복했다! 선장은 그에게 집으로 돌아가자고 애원했으나, 벤은 거절했다. 그는 필라델피아가 좋다고 말했다. 그리고 다시는 보스턴으로 돌아가서 제임스에게 매를 맞지 않겠다고 말했다.

그다음 주에 벤은 편지를 받았다.

인쇄 수습공 벤자민 프랭클린에게
크레이머 인쇄소
필라델피아, 펜실베니아

편지는 아버지에게서 온 것이었고, 벤은 매우 기뻤다. 그러나 조시아는 봉투에 인쇄 수습공이라고 잘못 썼다. 벤은 더 이상 주인에게 종속된 수습공이 아니었다. 그는 제법 높은 보수를 받고 있었다.

그는 좋은 옷과 시계를 샀고, 책을 샀다. 그리고 책을 좋아하는 젊은이들과 친구가 되었다.

벤은 아버지에게 장문의 편지를 썼고, 이 모든 사실을 알려드렸다. 그는 시계를 잊지 않고 언급했다. 왜냐하면 수습공에게는 그런 것이 없기 때문이었다.

그는 제임스가 경찰을 불러 자기를 잡아간다고 해도, 아무도 자기를 퀸 스트리트의 인쇄소에 묶어 둘 수는 없다고 말했다. 어두운 밤 항구에 범선이 있는 한 그는 언제든지 빠져나갈 수 있었기 때문이다.

그리고 조시아 프랭클린은 퀸 스트리트로 갔다.

"제임스." 그가 말했다. "벤을 내버려 둬라. 네가 잡아 온다 해도, 또다시 도망칠 거야. 벤은 자기 스스로 주인이 돼야 하고, 자기 생각대로 해야 하는 사람이다. 그게 그의 성격이고, 절대로 변하지 않을 거다."

이번에는 제임스가 아버지의 말을 들었다. 곧 큐런트에는 이런 광고가 났다.

"퀸 스트리트 인쇄소 제임스 프랭클린이 영리하고 믿음직한 수습공 구함."

그가 데리고 있던 첫 번째 영리하고 믿음직한 수습공은 이제 그가 좋아하는 도시에서 안전하고도 자유롭게 살고 있었다.

그는 번득이는 머리에서 나오는 놀라운 아이디어에 대해서 생각할 수 있는 자유를 얻었고, 그것으로 온 세상을 놀라게 할 것이다.

21
전기를 흐르게 하는 연

벤자민 프랭클린은 또다시 연을 만들었다. 이번에는 "수영하는 연"이 아니었다. 종이로 만든 연도 아니었다. 바람이 불고 비가 오는 날 날려야 하기 때문이다.

프랭클린은 오랫동안 번개에 대해서 궁리를 해왔다. 번개란 무엇인가? 그것을 구름 속에서 꺼내어 이 땅으로 가져올 수는 없을까?

당시에는 아무도 그것에 대해서 알지 못했다. 사람들은 번개를 몹시 두려워했다. 그들은 하나님이 화가 나서, 번갯불을 번쩍하게 만든다고 생각했다.

그러나 프랭클린은 그런 것을 믿지 않았다. 번개가 단순히 전기의 빛이며, 그가 만든 연을 사용해서 그것을 땅으로 가져올 수 있다고 생각했다. 그리고 그것을 증명하기 위한 작업에 들어갔다.

그는 작은 나무 조각 두 개를 십자모양으로 묶어서 커다란 비단 수건을 네 모퉁이에 고정시켰다. 십자모양의 세로 막대기 끝에는 끝이 날카로운 전선을 30센티 이상 길이로 달았다.

연은 다른 연과 다름없이 꼬리와 실이 달려있었다. 실은 꼰 무명실이었고, 그 끝에는 비단 헝겊 조각을 달았다. 그는 그것을 손에 쥐었다. 꼰 무명실과 비단이 연결되는 부분에는 쇠로 된 열쇠를 붙였다.

프랭클린은 그 뾰족한 전선이 구름에서 전기의 불을 끌어당길 것으로 믿었다. 연과 면실이 젖는다면 전기의 불이 쇠로 된 열쇠까지 내려올 것으로 생각했다. 만일 그의 생각이 맞는다면, 그가 열쇠를 만질 때 강한 전기 충격을 받을 것이었다.

꼰 무명실과 비단이 연결되는 부분에는 쇠로 된 열쇠를 붙였다.

비단 헝겊은 반드시 항상 말라 있어야 한다. 그렇지 않으면 큰 충격을 받아 죽을 수도 있다. 심지어 비단 헝겊이 말라있다고 해도 위험이 있었다. 그러나 그는 실험을 감행하기로 했다.

이제 연이 완성되었다. 이제 번개가 칠 때를 기다리기만 하면 된다.

어느 날 번개가 쳤다. 검은 하늘에는 시커먼 구름이 있었고, 프랭클린 씨는 연을 가지고 들로 나갔다. 그는 비단 헝겊이 젖지 않게 하려고 처마 밑에 섰다. 그리고 꼰 무명실이 문틀에 닿지 않게 조심했다. 전기가 중간에 아무 방해를 받지 않고 전선에서 열쇠까지 흘러내려 와야 하기 때문이었다.

이제 검은 구름이 연 바로 위에 있었다. 지금이 적절한 순간이었다. 번개가 또다시 쳤고, 곧 비가 내렸다.

천둥이 우르릉 거렸다! 번개가 번쩍였다! 그리고 비가 내렸다.

프랭클린 씨는 그의 손마디로 열쇠를 건드렸다. 그 순간 강한 충격을 느꼈다. 열쇠에 불꽃이 번쩍 일었다.

그는 몹시 기뻤다. 계속해서 열쇠를 건드리자, 매번 강한 충격을 느꼈고 불꽃이 번쩍거렸다.

이제 그의 생각이 옳다고 증명되었다! 그는 전기의 힘을 구름에서 땅으로 가져온 것이다! 1752년 6월 15일이었다.

곧 미국 전역과 유럽의 모든 신문이 그 실험에 관해서 보도했다. 그들은 그것이 인류역사상 가장 놀라운 사건 중의 하나라고 말했다. 그리고 벤자민 프랭클린이 세계에서 가장 위대한 과학자 중의 하나라고 말했다.

벤의 옛친구 네이슨 모스 씨는 그 신문을 읽고 나서 안경을 벗었다.

"벤이 그 실험에 성공한 건 하나도 놀랍지 않아. 그는 무슨 일이든 시작하기 전에 세심하게 연구를 하기 때문이야. 그러니까 실험의 모든 과정에는 다 그럴만한 이유가 있지. 그는 어릴 때부터 그랬어."

22
대나무 지팡이

세월이 흘렀다. 어느 날 아침 네이슨 모스는 신문을 읽고 있었다. 그러다가 신문을 내려놓으며 웃음을 터트렸다. 옆에 앉아서 책을 읽던 손자가 물었다.
"할아버지, 무슨 일이에요?"
"벤이 영국에서 재미있는 실험을 했어."
"벌써 영국에 가신지 오래 됐잖아요." 사일러스가 말했다.
"그래. 하지만 언제 돌아올는지 알 수가 없어. 나라에서 필요한 일이 있어 외교관으로 보낸 거란다." 모스 씨가 말했다. "중요한 일을 담당할 수 있는 지혜로운 사람이 필요했거든. 벤 프랭클린은 미국에서 제일 지혜로운 사람이야. 그런데 이제 영국 사람들도 그가 얼마나 지혜로운지 알게 됐구나. 그가 영국의 위대한 과학자들에게 장난을 쳤거든."

모스 씨는 다시 신문을 들고서 손가락으로 흘러내린 안경을 치켜세웠다. "벤이 실험을 한 거야. 내가 읽어줄 테니 들어봐라."

들고 있던 대나무 지팡이를 물 위에 대고 세 번 휘둘렀다.

"'어느 날 저 유명한 미국인 벤자민 프랭클린 씨가 영국의 이름난 과학자 세 명과 함께 런던 공원을 산책하고 있었다. 그들은 작은 개울 앞에 왔는데, 바람이 심하게 불어 개울물이 몹시 일렁거렸다. 프랭클린 씨는 세 과학자들에게 자기가 물을 잔잔하게 만들 수 있다고 말했다. 그들은 그 말이 농담이라고 생각했으나, 프랭클린 씨는 보여주겠다고 말했다. 그는 개울가로 걸어가더니, 들고 있던 대나무 지팡이를 물 위에 대고 세 번 휘둘렀다. 그러자 일렁거리던 물이 즉시 잔잔해지면서 마치 아무 바람도 불지 않는 듯이 잠잠히 흘러갔다.

그 영국인들은 화들짝 놀랐다. 그들은 프랭클린이 위대한 과학자인줄은 알았지만, 이런 일은 이제까지 어느 과학자도 해내지 못한 것이었다. 결국 프랭클린 씨가 설명을 해주었다. '내 대나무 지팡이는 속이 비어 있어요. 내가 여기 오기 전에 그 속에 기름을 채워가지고 왔지요.'"

"아!" 사일러스가 말했다. "그가 지팡이를 세 번 휘둘렀을 때, 기름이 물에 떨어졌군요!"

"바로 그거야." 할아버지가 말했다. "기름이 물 위에 번지면서 개울물이 다시 잔잔해진 거지."

"정말 영리한 분이로군요!" 사일러스가 감탄했다.

"그렇고말고." 네이슨 모스가 말했다. "그는 어릴 때부터 영리했어. 게다가 장난치는 걸 워낙 좋아하거든."

23
가장 사랑받는 미국인

 많은 세월이 흘렀다. 어느 날 필라델피아의 부두에는 수많은 군중이 모였다. 그들은 배가 들어오는 모습을 지켜보고 있었다.

갑자기 누군가 소리쳤다. "저기 온다! 벤자민 프랭클린 씨야. 부두에 내려서 손을 흔들고 있어!"

대포 소리가 울렸다! 종이 울렸다! 사람들은 환호성을 질렀다! 남자들은 모자를 벗어 공중으로 날렸다! 여자들은 손수건을 흔들었다!

대포 소리가 울렸다! 종이 울렸다!

벤자민 프랭클린이 프랑스에서 돌아왔다! 벤자민 프랭클린, 가장 사랑받는 미국인! 벤자민 프랭클린, 조지 워싱턴 다음 가는 위대한 인물!

대포 소리와 종소리 사이로 사람들이 부둣가에서 그 위대한 사람에 관해서 말하는 소리가 들렸다.

"그는 우리나라를 살리기 위해서 프랑스에 가서 살았어요."

"그는 거기서 많은 세월을 보냈죠. 국회에서는 그가 계속 프랑스에서 일하도록 했어요."

"물론이죠. 미국을 대표해서 그곳에서 중요한 일을 해야 했거든요. 누가 벤자민 프랭클린을 대신하겠어요?"

"아무도 없죠! 전국을 둘러봐도!"

"하지만 그는 오랫동안 고향과 가족들을 떠나 있었죠!"

"그것이 나라를 위한 임무라고 생각했어요!"

"누가 그렇게 오랫동안 자기 고향과 가족을 떠나가 있으려고 하겠어요?"

"조지 워싱턴만 빼고 말이에요."

"물론이죠. 그 두 사람은 참 비슷한 점이 많아요. 그들은 조국인 미국을 위해서라면 자기 자신을 돌보지 않는 사람들이에요."

"벤 프랭클린 씨는 대단한 애국자예요."

"그는 위대한 사람이에요. 생각해 보세요. 그가 여기에 왔을 때는 가난한 인쇄공이었는데, 이제 저 많은 군

중들을 보세요! 필라델피아 사람들 모두 그를 환영하러 나왔어요."

"프랭클린 씨는 이제 부자가 됐어요. 그는 열심히 일해서 돈을 모았죠. 여기 온 지 4년 만에 인쇄소를 샀어요."

"그의 아내도 그를 도왔죠. 남편이 인쇄하는 동안 그녀는 가게를 돌봤고, 그들은 인쇄소 뒷방에서 살았어요."

"이제 그들은 아주 좋은 집에서 살고 있어요. 은그릇과 값비싼 도자기, 그리고 책이 천 권이 넘는데요."

"맞아요. 그의 부인은 교회 올 때 주홍색 공단옷을 입고 왔어요. 프랭클린 씨가 프랑스에서 보내 준 거래요. 그는 미국행 배가 있을 때마다 빠짐없이 부인에게 선물을 보냈다고 하네요."

"그는 보스턴의 가족들에게도 선물을 보냈지요. 형 제임스에게도 말이에요. 그는 제임스의 아들을 위해서 인쇄소를 사주었어요."

"공공도서관을 지어서 사람들이 무료로 책을 빌려 볼 수 있게 하고, 가난한 아이들을 위해서 무료 학교를 지어 주었어요. 처음으로 소방소를 만들고 도로를 포장한 사람이지요. 그는 평생 남을 도우면서 살았어요. 그가 미국에서 가장 사랑받는 시민이 된 게 하나도 이상할 게 없지요."

"프랑스 사람들도 그를 매우 좋아했대요. 잡화상들은 길에서 작은 프랭클린 동상을 만들어 팔았어요."

"그가 여행할 때는 프랑스 여왕이 자기 마차를 내주었대요."

"유럽 전역의 학자들이 과학에 대해서 들으려고 그를 찾아왔어요."

"전 세계의 위대한 발명가들이 발명에 대해서 그의 조언을 구했지요."

"유명한 영국 의사들이 그가 발견한 공기 전염성 병균에 대해서 들으려고 그를 찾아왔어요."

"정말 자랑스러운 미국인이에요! 온 세상을 통틀어도 그와 같은 사람이 없을 테니까요."

"그는 정말 많은 걸 알아요. 그런 사람이 앞으로 또 나타날까요?"

이제 배가 부두에 정박했다. 사람들은 옆으로 비켜서

서 기다렸다. 그리고 벤자민 프랭클린이 배에서 내려왔다.

또다시 대포가 울렸다! 종이 울렸다! 사람들은 환호성을 질렀다!

벤자민 프랭클린. 역사상 가장 위대한 미국인 중의 한 사람이 이제 자신이 그렇게도 사랑하는 조국으로 돌아왔다. 가난한 인쇄공에서 출발한 그는 위대한 작가, 발명가, 정치가가 되었고, 그 누구보다 더 조국을 사랑하는 애국자였다.

무슨 뜻일까요?

수공업자: 특별한 기술로 물건을 제조해서 판매하는 사람.
백랍: 주석과 납을 섞은 금속, 은빛을 낸다.
벤 또는 베니: 벤자민의 애칭. 위그웸: 인디언 천막.
정찰병: 지형이나 적의 움직임을 몰래 살피는 군인
자택학교: 여자가 자기 집에서 동네 아이들을 가르치는 학교.
적법: 법에 맞다는 뜻. 판결: 재판에서 내리는 결정.
성직자: 종교인. 당시에는 사회적 지위가 매우 높았다.
작문: 글쓰기. 작문학교: 어린 아이들이 다니는 초등학교.
석판: 점토로 만든 판. 글씨를 썼다 지웠다 할 수 있다.
얼레: 연실을 감았다 풀었다 하는 손잡이.
키: 배의 방향을 조종하는 손잡이. 글래드: Glad, 신난다.
태킹: Tacking, 보트의 방향을 바꾸는 것.
스키퍼: 배의 선장. 사우어페이스: Sourface 찡그린 얼굴.
동의: 그렇게 하겠다고 말함. 서명: 약속의 뜻으로 이름을 씀.
계약서: 약속한 내용을 쓴 서류. 보수: 일하고 받는 돈.
기고: 신문이나 잡지에 글을 써 주는 것.
과부: 남편 없이 혼자 사는 여자
사일런스 두굿: Silence do-good 말없이 좋은 일을 하는 사람.
원고료: 글쓴이에게 주는 돈. 각본: 연극을 하려고 꾸민 이야기
굿하트 부인: Mrs. Goodheart, 마음씨 착한 부인.
피들스틱: Fiddle-stick 시시한 것, 대수롭지 않은 것.
초고: 첫 번째 쓴 글

여러분, 기억하나요?

1. 프랭클린 집의 "옛날이야기 날"은 어떤 것인가?
2. 프랭클린 집 아이들은 왜 학교를 계속 다니지 않았나?
3. 프랭클린 부부는 어떤 방법으로 집에서 아이들을 가르쳤나?
4. 모피 상인 루이스 패튼 씨는 어떻게 프랭클린 씨를 곤란하게 만들었나?
5. 라틴 학교 '방문일'에 벤은 왜 자기 작품을 외우지 않았나?
6. 벤은 수영을 더 잘하기 위해 어떤 것들을 만들었나?
7. 벤은 특별한 수영법이나, 돛배 조종하는 법을 어떻게 배웠나?
8. 화이트 릴리 호에서 벤과 네이슨은 왜 조나단의 손발을 밧줄로 묶었나?
9. 수습공들은 왜 주인에게서 도망치려 했나? 그들이 배를 타고 도망치려 했을 때 벤은 어떻게 그들을 위험에서 구했나?
10. 제임스는 왜 중요한 손님에게 배달하는 인쇄물을 벤에게 맡겼나?
11. 그가 싸일런스 두굿 이야기를 썼을 때 왜 형 제임스에게 말하지 않았나?
12. 그는 왜 비오는 날 밖에 나가 연을 날렸나?
13. 그는 왜 사랑하는 조국에 빨리 돌아오지 않고 외국에서 오래 머물렀나?

벤자민 프랭클린이 살던 시절

1706 보스턴에서 태어났다.

1718 형 제임스의 인쇄소 견습공이 되었다.

1723 보스턴을 떠나 필라델피아로 이사했다.

1730 데보라 리드와 결혼했다.

1731 미국 최초로 공공도서관을 세웠다.

1732 연감 푸어리차드가 처음 발행되었다.

1736 최초로 자원봉사자로 구성된 소방소를 세웠다.

1751 펜실베니아 대학 설립을 후원했다.

1752 연을 만들어 번개의 전기를 모으는 실험을 하고 피뢰침을 발명했다.

1776 미국 독립선언문 작성을 도왔다.

1778 독립전쟁에서 도움을 받기 위해 프랑스와 동맹을 맺었다.

1782 독립전쟁이 끝난 뒤, 존 제이, 존 아담스와 함께 영국과 평화조약을 맺었다.

1787 미국 헌법에 서명했다.

1789 펜실베니아 노예폐지협회 회장이 되었고, 노예제도를 반대하는 글을 썼다. 프랑스에서 시민혁명이 일어났다.

1790 84세로 세상을 떠났다. 조지 워싱턴이 미국 초대 대통령이 되었다.

위인들의 어린시절 시리즈
유명한 위인들은 처음부터 위인이었을까?

아브라함 링컨-오두막에서 자란 아이
벤자민 프랭클린-책을 좋아한 아이
라이트 형제-하늘을 나는 아이들
율리시스 그랜트-말을 좋아한 아이
다니엘 분-어린 사냥꾼
해리 트루먼-미주리의 어린 농부
토마스 제퍼슨-독립심 강한 아이
존 폴 존스-천하무적 항해사 소년
페트릭 헨리-자유를 사랑한 아이
클라라 바튼-약한 자를 돕는 아이
사무엘 모르스-호기심 많은 아이

캡틴 존 스미스-모험심 강한 아이
포카혼타스-말괄량이 소녀
나다니엘 그린-스스로 생각하는 아이
존 워너메이커-백화점왕이 된 아이
존 마샬-판단력 있는 아이
로버트 풀턴-만들기를 좋아한 아이
알렉산더 벨-말하는 기계를 만든 아이
월터크라이슬러-기관사가되고싶은아이
윌리엄브래드포드-어린양을사랑한아이
이스라엘 퍼트넘-장군 같은 아이
토마스 에디슨-귀염둥이 질문상자

계속 발행됩니다.

잠언생활동화 시리즈

참잘했어요

이럴땐 어떡하죠

좋은 친구

선교지 이야기

벤자민 프랭클린: 책을 좋아한 아이

초판1쇄 발행일 2013년 3월 31일
초판3쇄 발행일 2015년 9월 31일
개정판 발행일 2018년 10월 1일

지은이 어거스타 스티븐슨 • 그림 폴 로니
옮긴이 오소희 •
발행인 리빙북 • 이메일 livingbooks@daum.net
발행처 경기도 군포시 오금로 34 380-1504
전화 031-943-1655 팩스 031-943-1674

출판등록 제399-2013-000031호
저작권법에 의해 무단 전제와 복제를 금합니다.

책값은 뒤표지에 있습니다
© 1941, Augusta Stevenson
© 2013, Living Books
ISBN 978-89-92917-25-4

www.Livingbook.kr